TOEFL, IELTS, DET 입문자용 문법 필독서 ————————

시원스쿨
Grammar
Basic

시원스쿨어학연구소 · 줄리정 지음

시원스쿨LAB

TOEFL, IELTS, DET 입문자용 문법 필독서

Grammar
Basic

초판 2쇄 발행 2023년 1월 31일

지은이 시원스쿨어학연구소 줄리정
펴낸곳 (주)에스제이더블유인터내셔널
펴낸이 양홍걸 이시원

홈페이지 www.siwonschool.com
주소 서울시 영등포구 국회대로74길 12 시원스쿨
교재 구입 문의 02)2014-8151
고객센터 02)6409-0878

ISBN 979-11-6150-092-8 13740
Number 1-110505-12020407-06

인사말

TOEFL(토플), IELTS(아이엘츠), Duolingo English Test(듀오링고)는 영어권 국가에서 대학교 이상 교육을 받을 수 있는 영어 실력을 갖췄는지를 평가하는 시험으로, 여러 영어 능력 평가 시험 중에서 난이도가 꽤 높은 편에 속합니다. 이러한 유학용 영어 시험 모두 영문법 문제를 직접적으로 출제하지는 않지만, 어느 정도 영문법 실력이 받쳐주어야, 대화를 듣거나(Listening) 지문을 읽고(Reading) 이해할 수 있고 쓰기(Writing)와 말하기(Speaking)에서도 사소한 실수를 줄일 수 있습니다. 또한 영문법 기초가 약하면, 일정 수준에서 점수가 멈추고 아무리 공부를 해도 더 이상 점수가 오르지 않는 슬럼프에 빠지기도 합니다. 따라서 영문법 기본 실력을 갖추는 것은 토플과 아이엘츠 등의 시험을 학습하는 수험생들에게 필수입니다.

영문법 학습이 토플과 아이엘츠 시험 준비에 꼭 필요하지만, 시중에 나온 두꺼운 문법책들을 보자마자 토플과 아이엘츠 학습을 본격적으로 시작하기도 전에, 오히려 시험을 준비하고자 하는 의욕이 사라져 버리고 맙니다. 다양한 함정들을 지닌 문법 문제를 풀기 위함이 아닌, 읽거나 듣고 이해하는 데 필요한 영문법은, 굳이 두꺼운 책으로 어렵게 공부할 필요가 없습니다. 우리가 중학교 때 배웠던 수준의 내용만 제대로 알고 적용할 수 있어도 시험에서 지문과 대화를 이해하는 데 아무런 문제가 없습니다. 본 도서에서는 어려운 문법 용어를 최소로 사용하였으며 실제 아이엘츠, 토플, 듀오링고 시험에 나왔던 쉬운 기출 예문들을 이용하였습니다. 또한 아이엘츠와 토플 시험에서 기본적으로 알아야 할, 쉽지만 놓칠 수 있는 포인트들을 체계적으로 정리하였습니다.

부디 이 책을 통해 토플, 아이엘츠, 듀오링고 등의 유학용 영어 시험에 꼭 필요한 문법의 기초를 탄탄하게 쌓고, 리스닝, 리딩, 라이팅, 스피킹 4과목 모두에서 고득점을 받는 기쁨을 누리길 바랍니다!

시원스쿨어학연구소 & 줄리정

목차

- 이 책의 구성과 특징
- IELTS 소개
- TOEFL 소개
- IELTS와 TOEFL 비교
- Grammar 기본 정리
- 학습플랜

영어 시험 기초를 다져 줄 20일 문법 학습

지금까지 배운 문법을 문제 풀이로 총정리

IELTS와 TOEFL 시험 공식 채점표에 따라 쓰고 말하기

MP3 다운로드 방법
ielts.siwonschool.com > 교재/MP3 > [도서] 시원스쿨 Grammar Basic

이 책의 구성과 특징

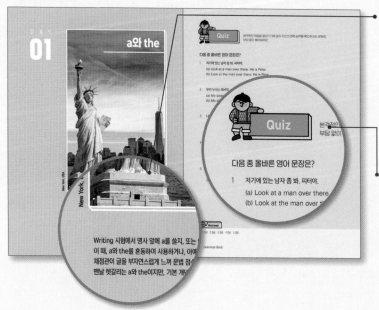

20개 Day로 구성된 문법 여행

IELTS와 TOEFL 시험에서 수험생들이 기본적으로 알아야 될 문법, 또는 자주 실수하는 문법을 하루에 하나씩 학습합니다.

Quiz로 현재 실력 진단

본격적으로 각 Day의 문법 공부를 하기에 앞서, 관련 문법 문제를 몇 개 풀어보며 자신의 현재 실력을 스스로 확인해 봅니다.

누구나 쉽게 익히는 Grammar

어려운 문법 용어를 사용하지 않고 기초부터 차근차근 영어 문법을 설명합니다. 또한 교재의 예문은 IELTS와 TOEFL 시험에서 등장하고 수험생들이 쉽게 활용할 수 있는 것으로 선별하였습니다.

추가 학습 Further Study

앞에서 설명한 문법을 한 번 더 정리하거나 조금 더 확장해서 공부합니다.

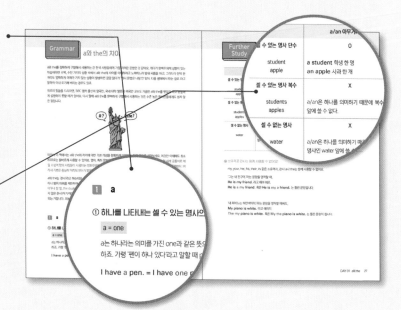

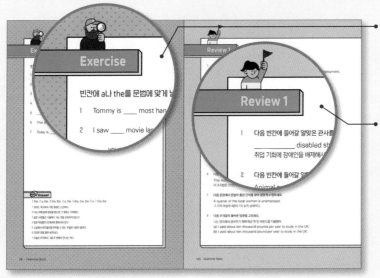

오늘의 학습 마무리 Exercise
오늘 배운 내용을 연습 문제를 통해 얼마나 습득하였는지 테스트해 봅니다.

최종 마무리 Grammar Review
20개 Day를 모두 학습한 이후 최종 점검하는 코너로, 20문제씩 총 2회 분량입니다.

시험 채점 기준표 수록
IELTS와 TOEFL 각각의 Writing, Speaking 채점 기준표를 통해 Writing, Speaking 채점 원리를 이해하고 답변하기 바랍니다.

미국인, 영국인 성우 음원 제공
미국인, 영국인 성우가 20개 Day의 Exercise 정답 문장을 번갈아 읽어 주어, 미국식, 영국식 억양에 적응할 수 있도록 도와줍니다.

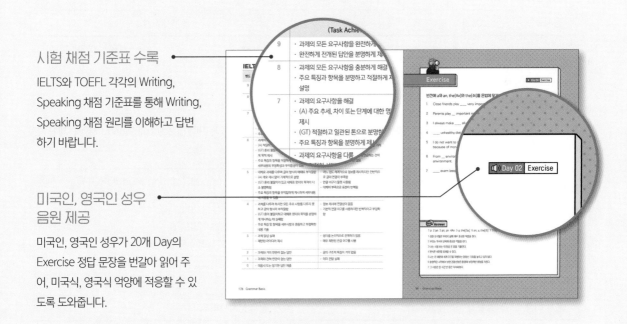

IELTS란?

IELTS(International English Language Testing System, 아이엘츠)는 영어권 국가를 포함한 전세계 대학으로의 유학, 해외 취업 및 이민을 희망하는 분들의 영어 커뮤니케이션 능력을 평가하기 위해 개발된 국제공인 영어시험입니다.

영국 캠브리지 대학교(The University of Cambridge)에서 문제 출제 및 시험의 퀄리티 관리를 담당하며, 140개국에 위치한 1,600여개의 시험 센터를 통해 아이엘츠 시험을 응시하고 성적을 받을 수 있습니다.

2019년 기준, 전세계적으로 350만명의 응시자 수를 기록하였고, 현재 10,000여곳 이상의 교육 기관, 글로벌 기업, 정부 기관 등에서 IELTS 시험 점수를 입학 요건, 이민 서류 제출 등에 필요한 증빙 자료로 인정하고 있습니다.

시험 종류

IELTS 시험은 종이(Paper-based) 또는 컴퓨터(Computer-delivered)로 응시할 수 있습니다. 또한 영국 비자를 위한 IELTS for UKVI란 시험도 있는데, 시험 장소 및 가격에서 차이만 있을 뿐 시험 진행 및 내용은 다른 IELTS 시험과 동일합니다.

	Computer-delivered IELTS	Paper-based IELTS	IELTS for UKVI
권장 응시자	성적이 빨리 필요한 분	종이 시험이 편한 분	영국 비자 발급 시 필요한 분
진행 방법	컴퓨터	종이	컴퓨터/종이 선택 가능
응시료*	273,000원	273,000원	304,000원

* 국내 2023년 1월 기준

시험 모듈

IELTS 시험은 유학 목적인지 이민 목적인지에 따라 크게 두 가지 모듈로 나뉘는데, 모듈에 따라 Reading과 Writing 시험 문제에 차이가 있습니다.

	Academic Module (AC)	General Training Module (GT)
응시 목적	국내외 학사, 석박사 과정 진학, 교환학생 지원, 해외 전문직 취업, 유학 후 이민, 기업 내 해외 연수자 선발 등	영어권 국가로의 이민, 해외로의 일반 취업, 학부 이전 과정의 수강 목적 등
응시 비중	전체 응시자의 약 70%	전체 응시자의 약 30%

시험 과목

IELTS 시험에서는 Listening, Reading, Writing, Speaking의 네 과목을 통해 응시자의 영어 활용 능력을 평가합니다. Speaking 시험은 가장 먼저 또는 가장 나중에 진행될 수 있습니다.

	Listening	Reading	Writing	Speaking
문제 구성	4개 파트 총 40문제 (한 파트에 10문제)	3개 파트 총 40문제 (한 파트에 13~14문제)	2개 파트 (파트1은 150 단어 이상, 파트2는 250단어 이상으로 작성)	3개 파트 (파트1은 짧은 문답 10개 내외, 파트 2는 1문제를 약 2분간 말하기, 파트 3은 심화 문답 5개 내외)
시험 시간	약 30분 (Paper-based의 경우, 답안 적는 시간 10분이, Computer-delivered의 경우, 답안 확인 시간 2분이 추가로 주어짐)	60분 (답안 적는 시간 또는 답안 확인 시간이 별도로 주어지지 않음)	60분 (약 20분 동안 파트1, 약 40분 동안 파트2 작성)	15분 이내
모듈 차이	차이 없음	AC: 잡지, 논문 또는 도서의 다양한 주제를 다룬 지문 GT: 파트1은 일상 생활 공지문 또는 광고, 파트2는 업무 수행 또는 비즈니스와 관련된 글, 파트3은 AC와 유사	AC: 1번 문제는 시각자료 분석, 2번 문제는 에세이 작성 GT: 1번 문제는 특정 상황에 대한 편지 쓰기, 2번 문제는 AC와 유사하게 에세이 작성	차이 없음

TOEFL 소개

TOEFL이란?

TOEFL(Test of English as a Foreign Language)은 미국 대학에서 수학할 비영어권 학생을 선별하기 위해 미국 ETS (Educational Testing Service)가 개발한 영어 능력 평가 시험으로, 현재 전세계 150개 이상의 국가에 속한 10,000개가 넘는 기관들이 토플 점수를 인정하고 있습니다.

비록 토플이 영어권 대학 입학에 필요한 영어 능력을 측정하기 위한 시험으로 개발되기는 했지만, 많은 기관들이 학문적인 영어 실력 뿐만 아니라 일반적인 영어 실력을 판단하는 척도로 토플 점수를 인정하고 있습니다. 특히, 국내에서는 토플 활용 범위가 아주 넓은데, 국내 대학 및 대학원 진학은 물론, 카투사(KATUSA)와 어학병 지원 자격 요건에 해당되며, 다수의 민간 기업과 공기업들이 토플 점수를 입사 성적으로 인정하고 있습니다.

토플은 미국을 비롯한 영어권 국가의 대학 수업을 듣는 데 필요한 영어 실력을 측정하는 시험이므로 대학 학부 강의 수준에 준하는 학문적인(Academic) 내용을 주로 다룹니다. 또한 Listening(듣기), Speaking(말하기), Writing(쓰기) 영역에서는 학문적인 주제 외에도 대학 정책이나 전반적인 대학 생활과 관련해 직원과 학생, 학생과 교수, 또는 학생과 학생 사이에서 일반적으로 발생 가능한 여러 상황들을 다룬 내용도 등장합니다.

시험 종류

토플 시험은 종이 시험(PBT)에서 처음 시작되어 컴퓨터 시험(CBT)을 거쳐 지금의 인터넷 기반 시험(iBT)으로 바뀌었습니다. 현재 토플은 일반적으로 iBT TOEFL을 의미하며, 일부 기관에 따라 예전의 PBT와 유사한 기관토플(ITP: Institutional Testing Program) 점수를 인정하기도 합니다.

	iBT(Internet-Based Test)	ITP(Institutional Testing Program)
형태	인터넷 연결로 시험 응시	종이 시험
과목	Reading (읽기) Listening (듣기) Speaking (말하기) Writing (쓰기)	Listening Comprehension (듣기) Structure and Written expression (문법) Reading Comprehension (읽기)
만점	120점	677점
시행	현재 전세계에서 시행되는 시험 형태	현재 국내 일부 기관에서만 진행 및 인정
응시료*	US$ 220	30,000원

* 국내 2023년 1월 기준

시험 과목

TOEFL 시험에서는 Reading, Listening, Speaking, Writing의 네 영역 순서로 시험이 진행됩니다.

	Reading	Listening	Speaking	Writing
문제 구성	3개 지문 (한 지문에 10문제)	대화(conversation) 2개와 강의(lecture) 3개가 나옴 (한 대화 당 5문제, 한 강의 당 6문제 출제)	4문제 (독립형 1문제, 통합형 3문제)	2문제 (통합형 1문제, 독립형 1문제)
시험 시간	54분 (한 지문당 18분)	약 41분	약 17분	약 50분 (20분 동안 1번 문제, 30분 동안 2번 문제 작성)
더미* 유무	1개 지문(10문제)이 추가로 나올 수 있음 (Reading에서 더미가 나오면 Listening에서는 더미가 안 나옴)	대화 1개(5문제)와 강의 1개(6문제)가 추가로 나올 수 있음 (Listening에서 더미가 나오면Reading에서는 더미가 안 나옴)	없음	없음
진행 방식	인터넷 연결된 컴퓨터	인터넷 연결된 컴퓨터	인터넷 연결된 컴퓨터	인터넷 연결된 컴퓨터

* 더미(Dummy)는 ETS에서 차후 토플 시험 개발을 위해 실험용으로 넣은 문제로서 응시자의 시험 점수에 포함되지 않습니다. 하지만, 더미 문제와 실제 시험 문제를 구분하기는 불가능하기에 모든 문제를 충실히 풀도록 합니다.

IELTS와 TOEFL 비교

영국식 또는 미국식 영어?

IELTS는 영국과 호주에서, TOEFL은 미국에서 만들어진 시험이기에 IELTS는 영국식 영어와 호주식 영어가, TOEFL은 미국식 영어가 더 많이 나옵니다. 하지만 IELTS에서도 미국식 영어가, TOEFL에서도 영국식, 호주식 영어가 등장합니다. 따라서 두 시험 모두 영국식, 미국식 발음 모두 어느정도 익숙해질 필요는 있습니다.

또한 IELTS 시험의 답안 작성 및 답변을 할 때, 철자나 발음에서 영국식을 사용하든, 미국식을 사용하든 채점에 아무런 영향이 없습니다. 이는 TOEFL도 마찬가지입니다.

활용도

TOEFL을 만든 나라가 미국이기 때문에 그동안 TOEFL이 미국 유학을 가기 위한 필수 시험으로 여겨졌지만, 이제는 미국에서도 3000개가 넘는 학교, 대학, 기타 교육 기관에서 IELTS 점수를 입학 요건으로 채택하고 있습니다.

마찬가지로 IELTS의 본고장 영국에서도 코로나 바이러스 이후 TOEFL 시험을 적극적으로 입학 요건으로 채택하고 있습니다. 각 대학, 기관마다 IELTS와 TOEFL 점수를 요구하는 기준이 다르기에 반드시 각 기관의 입시 요강을 확인하기 바랍니다. 특히 어떤 대학은 TOEFL 점수 대비 더 낮은 IELTS 점수를 요구하거나, 반대로 IELTS 점수 대비 더 낮은 TOEFL 점수를 요구하기에, 자신에게 보다 유리한 시험으로 준비하기 바랍니다.

유학 활용 이외에도 IELTS는 영국, 호주, 뉴질랜드, 캐나다 정부에서 이민에 필요한 영어 점수로 인정하고 있기에, 입학용 외에 이민용으로도 활용이 되고 있습니다. 따라서 유학 후 이민을 준비하는 분들에게는 IELTS가 아주 유용합니다. TOEFL은 IELTS 보다 국내에서 활용도가 조금 더 높은데, KATUSA 지원 점수로 인정이 되고 있고 국내 입시에서도 IELTS 보다 TOEFL을 인정해 주는 기관이 더 많습니다.

IELTS와 TOEFL 점수 비교

IELTS는 4영역 모두 0점에서 9점까지 0.5점 단위로 점수가 측정이 되고 이 점수들의 평균 값이 최종 점수가 됩니다. TOEFL은 각 영역이 0점에서 30점까지 1점 단위로 점수가 매겨지고, 이 점수들의 합이 최종 점수가 됩니다. 두 시험 점수를 비교하면 아래와 같은데, 수험생들이 가장 많이 필요로 하는 점수는, IELTS의 경우 6.0~7.0, TOEFL의 경우 65~100점 정도입니다.

IELTS	0~4.0	4.5	5.0	5.5	6.0	6.5	7.0	7.5	8.0	8.5	9.0
TOEFL	0~31	32~34	35~45	46~59	60~78	79~93	94~101	102~109	110~114	115~117	118~120

출처: TOEFL 공식 홈페이지

두 시험 비교

두 시험 모두 영어의 4영역, Reading, Listening, Speaking, Writing을 체계적으로 평가하는 시험이지만, 다음과 같은 차이점이 있습니다.

	IELTS	TOEFL
시험 난이도	상	상
단어 난이도	난이도 높은 단어들이 출제되지만, 학술적/전문적 용어는 피하는 경향이 강함 → 배경지식 최소화	어느정도 난이도 높은 학술 용어 및 전문 단어가 등장 → 배경지식 필요
주요 토픽	AC: 약 70% 아카데믹 + 약 30% 일상 생활 GT: 약 30% 아카데믹 + 약 70% 일상 생활	100% 아카데믹
객관식 유무	Reading, Listening은 객관식도 있지만 직접 단어를 적어야 하는 주관식 단답형도 출제	Reading, Listening 모두 객관식
통합형 유무	없음	Speaking, Writing 영역에서 Reading과 Listening을 결합한 통합형 문제 유형 출제
진행 방식	컴퓨터 또는 종이 (단, 스피킹은 채점관과 1:1 면접)	인터넷 연결된 컴퓨터
응시료	약 27만원	약 28만원

Grammar 기본 정리

5개 문장성분

문장성분이란 문장을 만드는 요소로, 마치 집의 기반, 벽, 지붕, 창문과 같은 요소들입니다.

① 주어

주어는 보통 문장 처음에 오며, '누가', '무엇이'에 해당하는 말로, 동사가 의미하는 행동을 직접 하는 주체입니다. 보통 문장의 가장 처음에 오는 부분으로 집을 지을 때 처음 단계인 기반과 같습니다.

I(주어) work(동사). 나는 일한다.

② 동사

동사는 보통 주어 다음에 자리하며, '~하다'에 해당하는 말로, 주어의 동작이나 상태를 나타냅니다. 주어와 함께 동사는 문장의 필수 요소로 둘 중 하나라도 없으면 문장이 성립하지 않습니다.

The professor(주어) talks(동사). 교수가 이야기한다.

③ 목적어

목적어는 보통 동사 다음에 위치하며, '~을, ~를'에 해당하는 말로, 행동의 대상이 됩니다.

I(주어) like(동사) music(목적어). 나는 음악을 좋아한다.

④ 보어

보어는 동사 뒤에서 주어 또는 목적어의 성질이나 상태 등을 보충 설명해 줍니다. 지붕 없이 밋밋한 집 또는 다양한 지붕의 집이 있듯이, 동사에 따라 목적어 또는 보어의 필요 유무가 결정됩니다.

He(주어) is(동사) happy(보어). 그는 행복하다(행복한+이다).

⑤ 수식어

수식어는 수식해주는 말로, 문장 내에서 비교적 자유롭게 위치하며, 다른 문장성분들과 달리, 수식어가 없어도 문장이 성립합니다.

They(주어) strongly(수식어) argue(동사). 그들은 강하게 주장한다.

구와 절

구와 절은 단어가 두 개 이상 모여 하나의 의미 단위를 갖는 말 덩어리입니다.
이러한 절이나 구는 문장 안에서 명사, 형용사, 부사 역할을 할 수 있습니다. 명사, 형용사, 부사에 대한 자세한 설명은 다음 페이지의 8품사에서 배웁니다.

> 구: <주어+동사> 없이 품사 역할

> 절: <주어+동사> 포함하여 품사 역할

① 명사구/명사절

명사의 역할을 하는 명사구와 명사절은 문장 안에서 주어, 목적어, 보어 역할을 합니다.

Knowing yourself is the beginning of all wisdom.
당신 자신을 아는 것이 모든 지혜의 시작이다. → 주어 역할 명사구

I know that you love me.
나는 당신이 나를 사랑하는 것을 안다. → 목적어 역할 명사절

② 형용사구/형용사절

형용사의 역할을 하는 형용사구와 형용사절은 문장 안에서 명사를 수식합니다.

The university wants to improve the menu at the cafeteria.
대학은 구내 식당 메뉴를 향상시키길 원한다. → 명사 수식 형용사구

This is the book which my parents gave me.
이것은 내 부모님께서 내게 주신 책이다. → 명사 수식 형용사절

③ 부사구/부사절

부사의 역할을 하는 부사구와 부사절은 문장 안에서 수식어 역할을 하며, 부사와 마찬가지로, 동사, 형용사, 또 다른 부사, 문장 전체를 수식합니다.

We arrived in the morning.
우리는 아침에 도착했다. → 동사 수식 부사구

I was late because I missed my train.
나는 기차를 놓쳤기 때문에 늦었다. → 문장 전체 수식 부사절

8개 품사

품사란 단어를 특징에 따라 구분한 카테고리입니다. 문장성분이 문장에서의 역할에 따라 단어 또는 구/절을 주어, 동사, 목적어 등으로 구분하는 반면, 품사는 문장 내 역할에 상관없이 단어 자체의 특징에 따라 다음과 같이 8가지 특성의 품사로 나뉘어집니다.

① 명사

명사는 사람, 동물, 사물, 장소 등 우리 주위에 있는 모든 것에 대한 이름입니다. book(책), water(물), air(공기), USA(미국), happiness(행복) 등 눈에 보이는 것, 보이지 않는 것, 실체적인 것, 추상적인 것 등 다양한 명사가 있습니다.

② 대명사

대명사는 명사를 대신해서 지칭하는 말로, this(이것은), it(그것은), he(그는), her(그녀의), them(그것들을) 등과 같은 말에 해당합니다. 영어에서는 한 번 언급된 명사를 다시 지칭할 때, 대명사를 사용하여, 같은 단어의 반복 사용을 피합니다.

③ 동사

동사는 사람, 사물의 동작이나 상태를 나타내는 말로, 문장에서 주어와 함께 반드시 있어야 하는 문장성분이자 품사입니다. eat(먹다), move(움직이다), sing(노래하다)과 같은 동작을 나타내는 일반동사는 물론, am, are, is(~이다, 있다)와 같이 상태를 나타내는 be동사, 그리고 동사 앞에서 동사의 뜻을 보조하는 can(~할 수 있다), will(~일 것이다), should(~해야 한다), might(~일지도 모른다) 등의 조동사도 일종의 동사입니다.

cook   **serve**   **eat**

④ 형용사

형용사는 사람, 사물의 성질이나 상태를 설명하는 말입니다. 보통 형용사는 명사를 직접 수식하거나 보어처럼 서술할 수도 있습니다.

There is a cute cat.
한 마리 귀여운 고양이가 있다.   → 명사 수식

This cat is cute.
이 고양이는 귀엽다.   → 명사 서술

⑤ 부사

부사는 동작이나 상태의 정도와 방법, 시간, 장소 등 다양한 부가적 의미를 가집니다. 형용사는 명사만 꾸며 주는 반면에 부사는 동사, 형용사, 다른 부사, 혹은 문장 전체를 꾸며 주면서, 꾸미는 대상의 의미를 더욱 명료하게 해줍니다.

The government must act quickly.
정부는 빨리 행동해야 한다.

⑥ 접속사

접속사는 두 가지 내용을 연결해 주는 말입니다. 여기서 두 가지 내용이란, 단어와 단어, 구와 구, 절과 절이 됩니다. 접속사에는 and, or, but 등이 있습니다.

People usually type, but I like handwriting.
사람들은 보통 타이핑을 치지만, 나는 손글씨를 좋아한다.

⑦ 전치사

전치사는 명사나 대명사 앞에 위치하여 시간, 장소, 방향, 이유, 방법, 조건 등을 나타냅니다.

The professor makes some points in the lecture.
교수는 강의에서 몇 가지 주장을 밝힌다.

⑧ 감탄사

감탄사는 기쁨, 슬픔, 놀람 등과 같은 감정을 느낀 순간, 자연스럽게 나오는 말입니다. Wow, Oh, Ah, Well, Oops 등이 대표적입니다.

학습플랜

기본 학습플랜 Day 20 (+ 1일)

20일 동안 각 챕터를 하루에 하나씩 학습하고 마지막에 Grammar Review로 최종 점검하는 기본 학습플랜입니다.

1일	2일	3일	4일	5일
Day 01 ☐	Day 02 ☐	Day 03 ☐	Day 04 ☐	Day 05 ☐

6일	7일	8일	9일	10일
Day 06 ☐	Day 07 ☐	Day 08 ☐	Day 09 ☐	Day 10 ☐

11일	12일	13일	14일	15일
Day 11 ☐	Day 12 ☐	Day 13 ☐	Day 14 ☐	Day 15 ☐

16일	17일	18일	19일	20일
Day 16 ☐	Day 17 ☐	Day 18 ☐	Day 19 ☐	Day 20 ☐

+1일
Grammar Review ☐

* 교재를 보다 집중적으로 학습하기 원하는 수험생은 5개 Day마다 학습 후 그 다음날 하루는 앞에 배운 5개 Day를 복습하도록 하세요.
  (총 25일 학습플랜)

DAY

01

a와 the

New York, USA

Writing과 Speaking 시험에서 명사 앞에 a를 쓸지,
또는 the를 쓸지 고민할 수밖에 없습니다.
이 때, a와 the를 혼동하여 사용하거나, 아예 사용하지 않으면,
채점관이 글을 부자연스럽게 느껴 문법 점수에서 감점을 받게 됩니다.
맨날 헷갈리는 a와 the이지만, 기본 개념만 확실히 공부해도 자신 있게 쓸 수 있어요.

Quiz

본격적인 학습에 들어가기에 앞서 자신의 현재 실력을 확인해 보는 문제로, 부담 없이 풀어보세요.

다음 중 올바른 영어 문장은?

1   저기에 있는 남자 좀 봐. 피터야.

   (a) Look at a man over there. He is Peter.

   (b) Look at the man over there. He is Peter.

2   우리 누나는 의사야.

   (a) My sister is a doctor.

   (b) My sister is the doctor.

3   나는 영국에서 공부했어.

   (a) I studied in UK.

   (b) I studied in the UK.

4   젊은 사람들은 인공지능을 잘 이해하고 있다.

   (a) A young have a good understanding of artificial intelligence.

   (b) The young have a good understanding of artificial intelligence.

5   달은 지구 주위를 돈다.

   (a) A Moon goes around the Earth.

   (b) The Moon goes around the Earth.

 Answer

   1 (b) 2 (a) 3 (b) 4 (b) 5 (b)

a와 the의 차이

a와 the를 정확하게 구별해서 사용하는 건 한국 사람들에게 가장 어려운 문법인 것 같아요. 게다가 완벽주의적 성향이 있는 학습자라면 수백, 수천 가지의 상황 속에서 a와 the의 차이를 이해하려고 노력하느라 밤새 씨름을 하고, 그러다가 만약 한 개라도 명확하게 이해가 가지 않는 상황이 발생하면 끙끙 앓다가 '역시 문법은 나랑 안 맞아. 다음 생애에서 하는 걸로.'라고 말하며 이내 포기해 버리는 경우도 있죠.

위로의 말씀을 드리자면, BBC 앵커 출신의 영국인, 국내 대학 영문과 미국인 교수도 가끔은 a와 the를 헷갈려 하고 분명하게 설명하지 못할 때가 있어요. 다시 말해 a와 the를 완벽하게 구별해서 사용하는 것은 수준 높은 원어민들에게도 쉽지 않은 일입니다.

따라서 이 책에서는 a와 the의 차이에 대한 기본 개념을 정확하게 이해하는 걸로 목표를 세워보세요. 이것만 이해해도 최소 80프로는 올바르게 사용할 수 있어요. 영어, 특히 문법을 공부할 때에 가장 중요한 마음가짐은 '영어는 전 세계 공통어로 매일 수십억 명의 사람들이 사용하는 변화무쌍한 언어이기 때문에 기본적인 문법 틀은 갖추고 있으나 늘 예외가 존재한다. 따라서 기본은 충실히 익히되 변수가 발생할 수 있으니 너무 틀에 가두고 공부하지 말자'입니다.

a와 the는 '관사'라고 하는데요. 관사란 명사 앞에서 명사를 한정 지어주는 역할을 해요. 그럼 '한정 지어준다'는 뭐냐? 수량이나 범위 따위를 제한하여 정하는 것을 말하는데, a가 붙으면 뒤에 있는 명사는 무조건 단수이고, a student면 학생 중에 아무나 한 명, the student면 앞에서 언급한 그 학생으로 범위가 정해지는 것이죠. a는 1개를 의미하면서 부정관사(정해지지 않은 관사)이기 때문에 학생 중 아무나 한 명이고, the는 정관사(정해진 관사)이기 때문에 앞에서 언급한 바로 그 학생이 되는 거랍니다. 오늘 공부할 내용의 가장 중요한 개념입니다.

1 a

① 하나를 나타내는 셀 수 있는 명사의 단수 앞에

a = one

a는 하나라는 의미를 가진 one과 같은 뜻으로 셀 수 있는 명사의 단수 앞에 사용해요. 단수는 한 개, 복수는 여러 개를 말하죠. 가령 '펜이 하나 있다'라고 말할 때 pen은 셀 수 있는 명사이니까,

I have a pen. = I have one pen.

② 막연하고 정해지지 않은 셀 수 있는 명사의 단수 앞에

아무거나 하나

a는 부정관사라고 하는데 여기서 말하는 '부정'은 '정해지지 않은 것'을 의미해요. 친구가 애지중지하는 강아지가 너무 귀여워서 '나도 강아지 키우고 싶다'라는 생각이 들 때,

I want to have a dog. 이라고 말하면 되요. 품종이나 성별에 상관없이 막연하게 강아지를 갖고 싶다는 의미죠.

만약 I want to have the dog. 이라고 한다면 친구의 강아지를 갖고 싶다는 의미니까 친구와 사이가 안 좋아질 수도 있겠네요.

③ [부사 + 형용사 + 셀 수 있는 명사의 단수] 앞에

a + 형 + 명

'셀 수 있는 명사의 단수 앞에 부정관사 a를 붙인다'까진 모두 잘 이해했어요. 하지만 이 명사가 형용사의 수식을 받을 땐 어떨까요? 어떠한 형용사가 오더라도 a는 사라지지 않는데요. 이럴 경우 a의 위치가 형용사 앞으로 이동해요. '우리 아버지는 좋은 사람이야.'라는 예문을 영작하면,

My father is good a person. (x)
My father is a good person. (o)

a + 부 + 형 + 명

위의 예문에서 good을 꾸며주는 부사 'really'를 추가하면 a의 위치는 부사 앞으로 이동해요.

My father is a really good person. 우리 아버지는 정말로 좋은 사람이야.

④ 관용어구

'관용어'는 어떤 사회에서 관습적으로나 일반적으로 쓰는 말을 의미해요. 다시 말해, 원칙과 상관없이 오랫동안 많은 사람들이 영어라는 언어를 쓰면서 굳어진 표현이죠. 이 표현들은 어떻게 공부하느냐? 방법 없어요! 그냥 외워서 자주 사용하는 수밖에는! 학교에서 숙어처럼 외웠던 구문들이 어렴풋이 떠오를 겁니다.

❶ 순서 주의

such/what/quite/rather + a + 형 + 명

It is such a lovely day.
날씨가 너무 좋다.

What a beautiful sunny day it is!
얼마나 멋진 화창한 날인가!

He is quite a shy person.
그는 꽤 수줍어하는 사람이다.

It's rather a large house.
꽤 큰 집이다.

❗ 셀 수 있는 복수명사와 셀 수 없는 명사 주의

`a number of + 복수명사`   많은

A number of people are opponents of abortion.
많은 사람들이 낙태 반대자들이다.

`an amount of + 셀 수 없는 명사`   많은

An amount of money was spent on research for this project.
많은 돈이 이 프로젝트를 연구하는데 사용되었다.

`a few + 복수명사`   몇 개의

It took only a few seconds.
겨우 몇 초 밖에 안 걸렸다.

`a little + 셀 수 없는 명사`   약간의

Juli also speaks a little Japanese.
줄리는 약간의 일본어도 구사한다.

2 the

① 앞에서 언급한 명사를 다시 이야기할 때
the의 용법 중 가장 많이 사용되는 경우예요. 어떤 명사를 앞에서 언급한 후 다시 이야기할 때 the를 붙여 줍니다.

`a → the`   셀 수 있는 명사의 단수인 경우

I bought a bag yesterday, but the bag is on sale from today.
나 어제 가방 샀는데, 그 가방 오늘부터 세일이야.

`x → the`   셀 수 있는 명사의 복수이거나 셀 수 없는 명사인 경우

Peter gave me flowers, and the flowers were so beautiful.
피터는 나에게 꽃을 줬는데 그 꽃은 너무 아름다웠어.

I drank water, and the water was cool.
나는 물을 마셨고 그 물은 차가웠어.

② 대화에 참여한 사람들이 모두 다 아는 것을 이야기할 때

> the = 우리가 알고 있는 그것

대화에 참여한 사람들이 이미 모두 알고 있는 것을 이야기할 때에도 the를 씁니다. 학교 내에 최근 소식을 올려 놓는 게시판이 있다면 the notice board라고 해야 모든 학생들이 '그' 게시판에 가서 최근 소식을 볼 수 있겠죠. 만약 a notice board라고 하면 '어떤 게시판을 말하는 거야?'라고 하면서 혼선을 빚을 수도 있어요.

Please look at the notice board **if you want to find** the updated news.
최근 소식을 알고 싶으면 게시판을 보세요.

③ 구나 절의 수식을 받는 명사 앞에

> the + 명사 + 수식하는 구/절

구나 절로 뒤에서 명사를 수식할 때, 수식을 받는 명사 앞에 the를 붙여요. 그냥 소녀, a girl이 아니라 우리가 보고 있는 저기 핑크색 치마를 입은 그 소녀이기 때문에 the girl이 된답니다.

The girl wearing a pink skirt **is Juli.**
핑크색 치마를 입은 그 소녀는 줄리이다.

The person who I have chosen **is my mother.**
내가 선택한 그 사람은 우리 엄마이다.

④ 세상에서 하나밖에 없는 것을 말할 때

> the + 유일한 것

지구, 달, 태양 등 세상에서 하나 밖에 없는 명사 앞에도 the를 써요. 물론 우주는 무한한 공간이라 태양도 달도 여러 개이지만 우리가 살고 있는 세상에서는 유일하다고 생각하는 거죠.

The Moon goes around the Earth **and** the Earth goes around the Sun.
달은 지구 주위를 돌고 지구는 태양 주위를 돈다.

⑤ 최상급, 서수, only, very, same

the는 형용사의 최상급 앞에, 그리고 첫 번째, 두 번째, 세 번째 등 순서를 나타내는 서수 앞에, only(오직) very(바로), same(같은) 앞에 사용해요.

> the + 최상급

Jack is the tallest **boy in my classroom.**
잭은 우리 반에서 키가 가장 큰 소년이다.

the + 서수

The first love is never forgotten.
첫 사랑은 결코 잊혀지지 않는다.

the + only/very/same

The only person standing in your way is you.
너의 앞길을 막는 유일한 사람은 너야.

This is the very thing that I wanted.
이게 바로 내가 원했던 거야.

We graduated from the same university.
우리는 같은 대학을 졸업했다.

⑥ the + 형용사 = 형용사 + 복수명사: ~한 사람들

영어는 똑같은 표현을 반복하는 걸 좋아하지 않아서 다양한 동의어를 사용하는 것이 중요한데요. '~한 사람들'이라고
표현할 때 the가 아주 유용하게 사용됩니다. 특히 이 표현을 모른 채 독해를 하게 되면 해석이 산으로 갈 수도 있으니
꼭! 익혀두길 바랄게요.

the rich = rich people 부자인 사람들

the poor = poor people 가난한 사람들

the young = young people 젊은 사람들

the old = old people 나이든 사람들

the unemployed = unemployed people 실업자들

⑦ 나라 이름, 악기 이름 앞에

한국, 중국, 일본 등과 같이 대부분의 나라 이름 앞에는 the가 붙지 않고, 여러 개의 나라 또는 주가 하나의 국가를 이루고 있는 영국, 아랍에미리트, 미국 등에는 국가 이름 앞에 the를 붙여줍니다. 또한 악기가 "연주하다"라는 뜻의 동사 play와 함께 사용될 때 악기 이름 앞에 the가 붙는다는 점도 기억해 주세요.

the + 나라 이름   여러 개의 나라가 모여서 하나의 국가

미국 the United States of America(the USA), the United States(the US), the States

영국 the United Kingdom(the UK)

아랍에미리트 the United Arab Emirates

the + 악기

the piano 피아노

the violin 바이올린

⑧ 관용어

관용적으로 the와 함께 쓰는 명사들도 외워볼까요?

the left 왼쪽

the right 오른쪽

the east 동쪽

the west 서쪽

the south 남쪽

the north 북쪽

the top 맨 위

the middle 중간

the Internet 인터넷

the radio 라디오

the police 경찰

the army 군인

the classroom 교실

the countryside 시골

Further Study

a와 the의 차이 정리

	a/an 아무거나 하나	the 그(특정한 것)
셀 수 있는 명사 단수	O	O
student apple	**a student** 학생 한 명 **an apple** 사과 한 개	**the student** 그 학생 **the apple** 그 사과
셀 수 있는 명사 복수	X	O
students apples	a/an은 하나를 의미하기 때문에 복수명사 앞에 쓸 수 없다.	**the students** (그 학생들) **the apples** (그 사과들)
셀 수 없는 명사	X	O
water	a/an은 하나를 의미하기 때문에 셀 수 없는 명사인 water 앞에 쓸 수 없다.	**the water** (그 물) * 일반적인 물이라는 의미로 쓸 경우, 　the 없이 water만 쓴다.

⊛ 소유격과 관사는 함께 사용할 수 없어요!

my, your, her, his, their, its 같은 소유격과, 관사 a나 the는 함께 사용할 수 없어요.

'그는 내 친구야.'라는 문장을 영작할 때,
He is my friend. 라고 해야 해요.
He is a my friend. 혹은 **He is my a friend.** 는 틀린 문장입니다.

'내 피아노는 하얀색이야.'라는 문장을 영작할 때에도,
My piano is white. 라고 해야지
The my piano is white. 혹은 **My the piano is white.** 는 틀린 문장이 됩니다.

Exercise

빈칸에 a나 the를 문법에 맞게 넣으세요.

1　Tommy is ＿＿＿ most handsome boy at school.

2　I saw ＿＿＿ movie last night and ＿＿＿＿ movie was boring.

3　＿＿＿ young do not prefer to live in ＿＿＿ countryside.

4　＿＿＿＿ number of students are addicted to ＿＿＿ Internet.

5　＿＿＿＿ only person who can play ＿＿＿ violin in ＿＿＿＿ classroom is Paul.

6　This is such ＿＿＿＿ great idea.

7　Today is ＿＿＿ second time to meet him in ＿＿＿ US.

Answer

1 the 2 a, the 3 The, the 4 A, the 5 The, the, the 6 a 7 the, the

1 토미는 학교에서 가장 잘생긴 소년이다.

2 나는 어제 밤에 영화를 봤는데 그 영화는 지루했다.

3 젊은 사람들은 시골에서 사는 것을 선호하지 않는다.

4 많은 학생들이 인터넷에 중독되어 있다.

5 교실에서 바이올린을 연주할 수 있는 유일한 사람은 폴이다.

6 이것은 정말 좋은 생각이다.

7 오늘은 미국에서 그를 두 번째로 만나는 거다.

DAY

02

a와 an, the[ðə]와 the[ði]

London, UK

Speaking 시험에서 a와 an, the[ðə]와 the[ði]를 뒤죽박죽 발음하면,
TOEFL의 언어 사용(Language Use) 기준 및 IELTS의 문법의 정확성
(Grammatical Accuracy) 기준에서 감점을 받을 수 있습니다.
a와 an, the[ðə]와 the[ði] 발음은 모음만 제대로 알고 있으면
헷갈리지 않고 사용할 수 있어요.

Quiz

본격적인 학습에 들어가기에 앞서 자신의 현재 실력을 확인해 보는 문제로, 부담 없이 풀어보세요.

다음 중 올바른 영어 문장은?

1 피터는 정직한 사람이야.

  (a) Peter is a honest man.
  (b) Peter is an honest man.

2 나는 일할 때 유니폼을 입곤 했어.

  (a) I used to wear a uniform when I worked.
  (b) I used to wear an uniform when I worked.

3 나는 매일 아침 사과를 먹어.

  (a) I eat a apple every morning.
  (b) I eat an apple every morning.

4 요즘 mp3 플레이어는 과거에 비해서 훨씬 저렴하다.

  (a) Nowadays, a MP3 player is much cheaper compared to the past.
  (b) Nowadays, an MP3 player is much cheaper compared to the past.

5 우산 가지고 나오는 걸 깜빡 했다.

  (a) I forgot to bring a umbrella.
  (b) I forgot to bring an umbrella.

 Answer

1 (b) 2 (a) 3 (b) 4 (b) 5 (b)

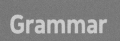

a와 an, the[ðə]와 the[ði]의 차이

영어 알파벳은 총 26개인데 모음(a, e, i, o, u) 5개와 자음 21개로 구성되어 있어요.

단어의 첫 발음이 모음으로 나는지 자음으로 나는지에 따라 a와 an, the[ðə/더]와 the[ði/디]로 달라지는데요. 이 때 단어는 명사에만 국한되지 않고, a나 the 다음에 바로 나오는 부사나 형용사의 경우에도 해당되죠. 여기서 중요한 건, 알파벳이 아니라 발음이에요. 다음과 같이 크게 네 가지의 경우로 살펴볼 수 있어요.

① 첫 알파벳도 자음으로 시작하고 발음도 자음인 경우

가장 많은 단어가 이 경우에 해당됩니다.

student [stju:dnt] → a student / the[ðə] student

friend [frend] → a friend / the[ðə] friend

mobile [məʊbaɪl] → a mobile / the[ðə] mobile

② 첫 알파벳도 모음으로 시작하고 발음도 모음인 경우

단어의 첫 발음이 모음으로 소리가 나는 경우, 앞에 있는 a는 an으로, the[ðə/더]는 the[ði/디]로 바뀝니다. 여기서 주의할 사항은 품사에 상관없이 a나 the 다음에 바로 나오는 단어의 첫 발음이에요. 모음으로 발음이 시작되는 egg를 예로 들어보면, an egg 또는 the[ði/디] egg 라고 하는데, 만약 egg를 꾸며주는 말이 온다면 a fresh egg, a very fresh egg 또는 the[ðə/더] fresh egg, the[ðə/더] very fresh egg가 됩니다.

a → an / the[ðə] → the[ði]

모음 a: apple [ǽpl] → an apple / the[ði] apple

모음 e: egg [eg] → an egg / the[ði] egg

모음 i: Internet [íntənet] → an Internet café / the[ði] Internet café

모음 o: only [óunli] → an only child / the[ði] only child

모음 u: umbrella [ʌmbrélə] → an umbrella / the[ði] umbrella

* Internet은 단독으로 쓰일 때는 무조건 앞에 the가 붙지만, 예시의 Internet café는 café 때문에 an이 붙을 수 있어요.

③ 첫 알파벳은 모음으로 시작하지만 발음은 자음인 경우

알파벳은 모음으로 시작하지만 발음이 모음이 아닌 경우도 있어요. 다음에 나오는 단어들은 첫 스펠링이 모음 u로 시작되지만 발음이 모두 [j]로 시작되기 때문에 a 또는 the[ðə/더]라고 말합니다.

university [jù:nəvə́:rsəti] → a university / the[ðə] university

uniform [jú:nəfɔ́:rm] → a uniform / the[ðə] uniform

unique [ju:ní:k] → a unique picture / the[ðə] unique picture

European [jùərəpíən] → a European person / the[ðə] European person

첫 스펠링이 모음 o로 시작되지만 발음이 [w]로 시작되는 경우에도 a 또는 the[ðə/더]라고 말합니다.

one [wʌn] → the[ðə] one

once [wʌns] → a once in a lifetime opportunity / the[ðə] once happy couples

* a와 one은 동의어로 함께 쓸 수 없기 때문에 a one의 경우는 없어요!

④ 첫 알파벳은 자음으로 시작하지만 발음은 모음인 경우

알파벳은 자음으로 시작하지만 발음이 모음인 경우도 있어요. 이 경우는 보통 첫 알파벳(h)의 발음이 생략된 경우가 많아요.

hour [ɑuər] → an hour / the[ði] hour

honorary [ánərèri] → an honorary degree / the[ði] honorary degree

honest [ánist] → an honest man / the[ði] honest man

자음인 m으로 시작하지만 발음은 모음으로 나는 경우가 있는데요. 이 경우는 보통 약자인 경우가 많아요.

MP3 [empi: θri:] → an MP3 player / the[ði] MP3 player

MC [em si:] → an MC / the[ði] MC

MP [em pi:] → an MP / the[ði] MP

○ 어휘 정리

MC 사회자(master of ceremonies) **MP** 하원 의원(Member of Parliament)

Further Study

a와 an, the[ðə]와 the[ði]의 차이

	a / the[ðə]	an / the[ði]
첫 알파벳도 자음으로 시작하고 발음도 자음인 경우	student [stju:dnt] friend [frend] mobile [móubail]	
첫 알파벳도 모음으로 시작하고 발음도 모음인 경우 모음: a, e, i, o, u		apple [ǽpl] egg [eg] Internet [íntənet] only [óunli] umbrella [ʌmbrélə]
첫 알파벳은 모음으로 시작하지만 발음은 자음인 경우	university [jù:nəvə́:rsəti] uniform [jú:nəfɔ̀:rm] unique [ju:ní:k] European [jùərəpíən] one [wʌn] once [wʌns]	
첫 알파벳은 자음으로 시작하지만 발음은 모음인 경우		hour [ɑuər] honorary [ánərèri] honest [ánist] MP3 [empi: θri:] MC [em si:] MP [em pi:]

\<The Houses of Parliament 영국 국회의사당\>

Exercise

빈칸에 a와 an, the[ðə]와 the[ði]를 문법에 맞게 넣으세요.

1 Close friends play _____ very important role in our lives.

2 Parents play __ important role in their child's education.

3 I always make _____ all-out effort in taking __ exam.

4 _____ unhealthy diet can lead to obesity.

5 I do not want to miss _____ great opportunity for travelling all around _____ world because of money.

6 From __ environmental view, tourism can have __ negative effect on _____ environment.

7 _____ exam lasted __ hour and __ half.

💬 **Answer**

1 a 2 an 3 an, an 4 An 5 a, the[ðə] 6 an, a, the[ði] 7 The[ði], an, a

1 친한 친구들은 우리의 삶에 매우 중요한 역할을 한다.

2 부모는 자식의 교육에 중요한 역할을 한다.

3 나는 시험 보는 데 항상 온 힘을 기울인다.

4 편식은 비만을 초래할 수 있다.

5 나는 돈 때문에 세계 곳곳을 여행하는 엄청난 기회를 놓치고 싶지 않다.

6 환경적인 시각에서 보면 관광산업은 환경에 부정적인 영향을 끼친다.

7 그 시험은 한 시간 반 동안 지속되었다.

대문자와
소문자

Toronto, Canada

Writing에서 대문자와 소문자를 구분해서 쓰는 것은 기본입니다.
또한 대문자, 소문자에 따라 단어의 뜻이 달라지기에,
Reading 지문을 독해할 때에도 대소문자 구분은 유용합니다.
예를 들어, 소문자로 시작하는 china는 중국이 아닌 도자기로 해석해야 하죠.

Quiz

본격적인 학습에 들어가기에 앞서 자신의 현재 실력을 확인해 보는 문제로, 부담 없이 풀어보세요.

다음 중 올바른 영어 문장은?

1   지구는 태양 주위를 돈다.

(a) The earth moves around the sun.
(b) The Earth moves around the Sun.

2   톰은 중국으로 출장 갔다.

(a) Tom went to china on business.
(b) Tom went to China on business.

3   내 딸은 신의 선물이다.

(a) My daughter is a gift from god.
(b) My daughter is a gift from God.

4   그 하얀색 집이 빵집이야.

(a) The white house is a bakery shop.
(b) The White House is a bakery shop.

5   다음주 월요일에 봐!

(a) See you next monday!
(b) See you next Monday!

**Answer**

1 (b) 2 (b) 3 (b) 4 (a) 5 (b)

대문자와 소문자의 차이

영어에는 우리말에는 없는 대소문자가 있어요. 대문자와 소문자에 따라 뜻이 완전히 달라지는 경우가 종종 있는데요. 오늘은 반드시 첫 알파벳은 대문자로 써야 하는 경우와 같은 알파벳이지만 대소문자에 따라 뜻이 달라지는 경우에 대해 공부해 볼게요.

반드시 첫 알파벳을 대문자로 써야 하는 경우는 다음과 같습니다.

① 문장 첫 단어의 첫 알파벳

Dogs are cute.
개들은 귀엽다.

② 나를 의미하는 I

However, I always have a fear of dogs.
하지만 나는 항상 개를 무서워한다.

③ 이름(사람, 도시나 국가, 상표, 언어, 시대, 호칭, 휴일 등)

사람: Rick Kim, Chloe Moretz, Benedict Cumberbatch

도시: Seoul, London, New York

국가: Korea, Japan, the USA

상표: Mercedes-Benz, In-N-Out, Apple

언어: Korean, English, Japanese

시대: the Ice Age, the Joseon Dynasty, World War II
     (WWII, WW2, the Second World War)

호칭: Ms. Green, Mr. Kim, Dr. Smith
* 호칭에서 보통 미국식은 Ms. / Mr. / Dr.처럼 마지막에 '.'이 붙고 영국식은 없어요.

휴일: Easter, Halloween, Christmas

Last year, I graduated from the University of Westminster in London.
작년에 나는 런던에 있는 웨스트민스터 대학을 졸업했다.

④ 요일

Monday, Tuesday, Wednesday, Thursday, Friday, Saturday, Sunday

Every Monday, I have a swimming lesson.
매주 월요일 나는 수영 레슨이 있다.

⑤ 달

January, February, March, April, May, June, July, August, September, October, November, December

My birthday is August 24th.
내 생일은 8월 24일이다.

대문자와 소문자의 차이 정리

소문자	대문자
china 도자기	China 중국
turkey 칠면조	Turkey 터키
bill 고지서	Bill 사람 이름 (William의 줄임말)
earth 흙, 땅, 지면	the Earth 우리가 살고 있는 지구
march 행진, 행진하다	March 3월
a sun 은하계에 있는 태양 중 아무거나 하나 (항성)	the Sun 우리 태양계에 있는 오직 하나뿐인 태양
a moon 은하계에 있는 달 중 아무거나 하나 (위성)	the Moon 지구 주위를 도는 오직 하나뿐인 달
a white house 하얀색 집 중 아무거나 하나	the White House 백악관
a blue house 파란색 집 중 아무거나 하나	the Blue House 청와대

소문자로 시작하는 단어는 일반적, 대문자로 시작하는 단어는 특정한 뜻을 지닌 단어라고 생각하면 쉬워요.

대문자로 시작하는 단어 앞에는 the가 붙는 경우가 많답니다. 백악관을 의미하는 the White House처럼 말이죠. White House와 같이 두 단어로 구성된 대문자로 시작하는 단어일 경우 White의 'W'뿐만 아니라 두 번째 단어인 House의 'H'도 대문자로 쓰는 것을 꼭 주의해 주세요!

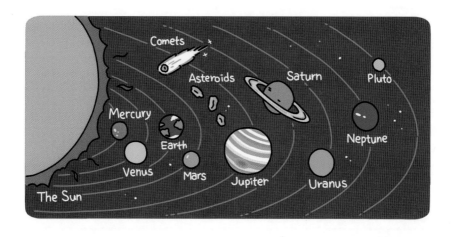

Exercise

주어진 단어를 대소문자를 구분해서 빈칸에 넣으세요.

1 Last year, _____ was invited by the _____ to perform. (i, blue house)

2 _____! _____ is an honor for me to meet you, _____. (wow, it, mary)

3 __ got an email from _____ _____. (i, dr., smith)

4 On_____, I have a plan to visit _____. (new year's day, london)

5 I have a meeting with _____ at _____. (sally, starbucks)

6 Now _____ has a total of 79 identified _____. (jupiter, moons)

7 By next _____, _____ needs to pay the _____. (friday, bill, bill,)

Answer

1 I, Blue House 2 Wow, It, Mary 3 I, Dr., Smith 4 New Year's Day, London 5 Sally, Starbucks
6 Jupiter, moons 7 Friday, Bill, bill

1 작년에 나는 청와대에서 연주해달라고 초대받았어.

2 우와! 매리, 당신을 만나는 것이 저에겐 영광입니다.

3 나는 스미스 박사님으로부터 이메일을 받았어.

4 새해에 나는 런던을 방문할 계획이 있어.

5 나는 스타벅스에서 샐리랑 미팅이 있어.

6 지금 목성은 총 79개의 확인된 달을 가지고 있어. (지금 확인된 목성의 달은 총 79개야.)

7 다음주 금요일까지, 빌은 고지서를 납부해야 해.

셀 수 있는
명사와
셀 수 없는 명사

Sydney, Australia

셀 수 있는 명사와 셀 수 없는 명사를 구분하지 않고
명사의 단복수를 틀리게 쓰거나 명사 주어와 동사의 수일치를 하지 않고
사용하게 되면, Speaking과 Writing 시험에서
문법의 정확성(Grammatical Accuracy) 및 전달력(Delivery)에서
감점을 받을 수 있습니다.

본격적인 학습에 들어가기에 앞서 자신의 현재 실력을 확인해 보는 문제로, 부담 없이 풀어보세요.

다음 중 올바른 영어 문장은?

1 얼마나 많은 동전과 지폐를 가지고 있어?

(a) How much coin and bill do you have?

(b) How many coins and bills do you have?

2 얼마나 많은 돈을 가지고 있어?

(a) How much money do you have?

(b) How many money do you have?

3 수표를 현금으로 바꿔주세요.

(a) I need to cash check, please.

(b) I need to cash a check, please.

4 나는 그 음악에 대한 정보가 필요해.

(a) I need information about the music.

(b) I need an information about the music.

5 나는 매일 아침 많은 물을 마셔.

(a) I drink a lot of water every morning.

(b) I drink a lot of waters every morning.

 **Answer**

1 (b) 2 (a) 3 (b) 4 (a) 5 (a)

셀 수 있는 명사와 셀 수 없는 명사

명사에는 셀 수 있는 명사와 셀 수 없는 명사 두 가지 종류가 있어요. 셀 수 있는 명사는 countable noun이라고 하는데요. count는 '세다'라는 동사 'count'(countdown을 생각하면 쉽죠?)에 '가능한'이라는 형용사 'able'이 붙어서 countable이 되었고, noun은 명사라는 뜻이에요.

그러면 셀 수 없는 명사는 영어로 뭘까요? countable 앞에 불가능을 의미하는 접두어 'un'을 붙여서 uncountable noun 이라고 말하면 됩니다. 참~ 쉽죠?

영어 관련된 일을 20년 가까이하고 있는 줄리정도 모르는 단어가 당연히 있어요. 언어는 매일 새롭게 만들어지고 변화하고 있기 때문에 학식 있는 원어민들도 영어사전을 종종 이용하죠. 우리가 국어사전을 종종 찾는 것처럼! 모르는 단어가 나올 때마다 사전을 찾는 것도 방법이지만 모르는 단어가 나올 때 위에 알려드린 방법처럼 결합되거나 파생된 단어의 뜻을 유추해보는 것도 재미랍니다!

1 셀 수 있는 명사 (countable noun)

셀 수 있는 명사는 반드시 단수(1개)나 복수(2개 이상)로 표기해야 해요. 단수인 경우에는 부정관사, 정관사, 소유격, 단수 지시대명사, 한정 형용사 가운데 하나를 반드시 명사 앞에 써야 하고 복수일 경우에는 정관사, 소유격, 복수 지시대명사, 수량 형용사, 한정 형용사 가운데 하나를 쓰거나 아니면 아무것도 쓰지 않아도 됩니다. 복수명사의 경우에는 단수명사 끝에 ~s/~es가 붙거나 복수 형태의 명사(people/children)로 변하기도 해요.

① 일반적으로 눈에 보이는 사물은 셀 수 있는 명사이다.

> dog, cat, boy, girl, person
> bottle, box, cup, plate, fork
> coin, note, bill, check
> table, chair, suitcase, bag

One boy and two girls are coming.
한 소년과 두 소녀가 오고 있다.

I have one coin and two bills now.
나는 지금 동전 하나랑 지폐 두 장을 가지고 있어.

② 단수형태와 복수형태가 다른 셀 수 있는 명사가 있다.

people은 셀 수 있는 복수명사이고, people의 단수형 명사는 person이다.

There is one person in this room.
이 방안에 사람이 한 명 있다. (한 사람)

There are three people in this room.
이 방에는 사람이 세 명 있다. (사람 세 명)

③ 부정관사(a/an)는 단수명사 앞에서만 쓴다.

A cat is a pet.
고양이는 애완동물이다. (고양이 한 마리이지만 의미는 일반적인 고양이를 말함)

Cats are cute.
고양이들은 귀엽다. (고양이들 전체)

④ 모음 (a, e, i, o, u)으로 발음이 시작되는 단어 앞에는 일반적으로 'a' 가 아닌 'an' 이라고 표기한다.

A dog is an animal.
개는 동물이다. (animal [ǽnɪml] 발음이 모음으로 시작)

A computer plays an important role in the classroom.
컴퓨터는 교실에서 중요한 역할을 한다. (important [ɪmpɔ́ːrtnt] 발음이 모음으로 시작)

⑤ 정관사(the)는 뒤에 수식해주는 표현이 나올 때 사용한다.

The girl wearing a pink skirt is Juli.
핑크색 치마를 입고 있는 그 소녀는 줄리이다. (wearing a pink skirt가 Juli를 수식)

The café we went to yesterday was great.
우리가 어제 갔던 카페는 훌륭했어. (we went to yesterday가 café를 수식)

⑥ 소유격(my/your/her/his/its/their/student's)은 단수명사와 복수명사 앞에 모두 쓸 수 있다.

My child is playing.
내 아이는 놀고 있다. (소유격+단수)

Her dogs are hungry.
그녀의 개들은 배가 고프다. (소유격+복수)

⑦ 한정 형용사(some/any/no)는 단수명사와 복수명사 앞에 모두 쓸 수 있다.

I have got some boxes.
나는 상자를 약간 가지고 있어. (약간의 상자들, 복수)

I do not have any pens.
나 어떤 펜도 없어. (어떤 펜들도, 복수)

No one can deny it.
아무도 그것을 부정할 수 없어. (아무도, 단수)

* some은 몇몇이라는 뜻으로 쓰일 때는 복수명사 앞에만, any / no는 단수명사뿐만 아니라 복수명사 앞에도 쓸 수 있습니다.
일반적으로 some은 긍정문과 평서문에, any는 부정문, 의문문, 강조문에 쓸 수 있어요.

⑧ 수량 형용사(many/a few/a couple of)는 복수명사 앞에서만 쓴다.

I have a few boxes.
나는 상자를 조금 가지고 있어. (몇 개의 상자들)

There are many pens.
펜이 많이 있다. (많은 펜들)

Only a couple of people attended the meeting.
오직 두 사람만이 그 미팅에 참석했다. (두 사람들)

2 셀 수 없는 명사 (uncountable nouns)

일반적으로 눈에 보이지 않는 것, 너무 작고 많아서 셀 수 없는 사물, 셀 수 없는 집합 명사는 셀 수 없는 명사예요. 눈에 보이지 않는 music, 너무 작고 많아서 셀 수 없는 sugar 그리고 하위개념으로 tables, beds, chairs를 가지고 있는 집합 명사 furniture 등은 셀 수 없는 명사입니다.

또한 반으로 쪼개도 그 성질이 변하지 않는 것은 셀 수 없는 명사인데, 예를 들어 셀 수 있는 명사인 table은 반으로 쪼개면 테이블로써의 기능을 할 수 없지만, 셀 수 없는 명사인 bread는 반으로 쪼개도 빵으로 먹을 수 있죠. 이러한 명사는 아무리 많아도 셀 수 없기 때문에 단수 취급을 하고 늘 단수동사와 함께 써요. 하지만 단수 취급을 한다고 해도 절대로 a/an과는 함께 사용할 수 없다는 점, 꼭 기억해주세요!

① 일반적으로 눈에 보이지 않는 것, 너무 작고 많아서 셀 수 없는 사물, 셀 수 없는 집합 명사는 셀 수 없는 명사이다.

눈에 보이지 않는 것	너무 작고 많아서 셀 수 없는 사물 쪼개도 같은 물질인 사물	셀 수 없는 집합 명사
music, art, love, happiness, advice, information, news	sugar, sand, water, milk, hair	furniture, jewelry, machinery, stationery, luggage

I have always had long hair.
나는 늘 긴 머리를 가지고 있어. (머리카락 전체)

There is a hair on your shoulder.
네 어깨 위에 머리카락 한 올이 있어. (머리카락 한 올)

* hair는 머리카락 전체를 의미할 때는 셀 수 없지만, 머리카락 한 올을 가리킬 때는 셀 수 있습니다.

② 셀 수 없는 명사는 단수명사이고 단수동사와 함께 쓴다.

This news is very interesting.
이 뉴스는 매우 흥미롭다. (news는 형용사 new에 s가 붙어서 명사가 된 형태, 복수의 s가 아님)

Your luggage looks quite heavy.
너의 짐은 꽤 무거워 보인다. (luggages라고 쓸 수 없음)

* 셀 수 없는 명사는 셀 수 없기 때문에 많든 적든 언제나 단수로 표기합니다.

③ 셀 수 없는 명사는 단수명사로 간주해도 '하나'를 의미하는 부정관사(a/an)를 단어 앞에 붙이지 않는다.

A news is important. (X)

I need an information about the music. (X)

④ 정관사(the)는 셀 수 없는 단어 앞에 사용할 수 있다. 특히 단어 뒤에 수식해주는 표현이 나올 때는 the를 사용한다.

Water in this bottle is cool. (X)

The water in this bottle is cool. (O)
이 병 속에 담긴 물은 시원하다. (in this bottle이 water를 수식해주고 있음)

* 뒤에 수식 표현이 나올 때는 반드시 the와 함께 씁니다.

⑤ 단위와 함께 셀 수 없는 명사가 쓰일 경우는 셀 수 있다.

Bella needs two bottles of water.
벨라는 물 두 병이 필요해. (물 두 병)

Do not waste even a grain of rice!
쌀 한 톨조차도 낭비하지마! (쌀 한 톨)

⑥ 셀 수 없는 명사도 한정 형용사(some/any/no)와 함께 쓸 수 있다.

I have some money.
나는 돈이 조금 있어. (약간의 돈)

Do you have any rice?
쌀 좀 있니? (약간의 쌀)

There is no interesting news.
흥미로운 뉴스가 없다. (흥미롭지 않은 뉴스)

⑦ 셀 수 없는 명사는 수량 형용사(a little/much)와 함께 쓸 수 있다.

I have a little money.
나는 돈이 약간 있어. (약간의 돈)

I do not have much rice.
나는 쌀이 많이 없어. (많은 쌀)

셀 수 있는 명사와 셀 수 없는 명사 정리

① 셀 수 있는 명사 앞에 붙는 수식어

셀 수 있는 명사 앞에는 다양한 수식어가 붙어요. 특히, 셀 수 있는 단수명사의 경우, 반드시 앞에 수식어가 있어야 합니다.

단수일 경우	부정관사 (a/an) 정관사 (the) 소유격 (my/your/her/his/its/their/student's) 단수 지시대명사 (this/that) 한정 형용사 (any/no)	+ 단수명사 (book/child)
복수일 경우	정관사 (the) 소유격 (my/your/her/his/its/their/student's) 복수 지시대명사 (these/those) 수량 형용사 (many/a few/few/a couple of) 한정 형용사 (some/any/no)	+ 복수명사 (books/children)
	아무것도 쓰지 않음	

② 셀 수 없는 명사 앞에 붙는 수식어

셀 수 없는 명사는 단수 취급을 하기에 복수명사를 수식하는 these, those, many, a few, few, a couple of 등이 앞에 붙지 못합니다. 대신 much, a little, little 등이 붙을 수 있어요.

정관사 (the) 소유격 (my/your/her/his/its/their/student's) 단수 지시대명사 (this/that) 한정 형용사 (some/any/no) 수량 형용사 (much/a little/little)	+ 셀 수 없는 명사 (water/money)
아무것도 쓰지 않음	

③ 비슷한 뜻을 가진 셀 수 있는 명사와 셀 수 없는 명사

비슷한 뜻을 지닌 셀 수 있는 명사와 셀 수 없는 명사가 있어요. 가령 '돈'이라는 뜻을 지닌 money는 눈에 보이지 않기 때문에 돈 하나, 돈 두 개, 이런 식으로 셀 수 없지만, '동전'을 나타내는 coin은 눈에 보이고 동전 하나, 동전 두 개로 셀 수 있기 때문에 셀 수 있는 명사가 된답니다.

	Countable Noun	Uncountable Noun
동전 / 돈	a coin	money
노래 / 음악	a song	music
여행용 가방 / 짐	a suitcase	luggage
테이블 / 가구	a table	furniture
배터리 / 전기	a battery	electricity
보고 / 정보	a report	information
조언 / 조언	a tip	advice
여행 / 여행	a journey / a trip	travel
직업 / 일	a job	work
경치 / 풍경	a view	scenery

Exercise

주어진 힌트를 이용해서 적절한 영어 표현을 빈칸에 알맞게 넣으세요. (단복수, 관사 주의)

1 I drank _____ last night. (세 병의 와인)

2 How many _____ do you have? (여행용 가방)

3 Nowadays, people can get some _____ about space travel through the
   Internet. (정보)

4 I am a big fan of _____ so I have a lot of _____ on my playlist. (음악, 노래)

5 I do not have _____ now so I do not have _____. (직업, 돈)

6 _____ we ate on your birthday was so delicious. (케이크)

7 _____ are a great chance to escape our daily routines. (여행)

Answer

1 three bottles of wine 2 suitcases 3 information 4 music, songs 5 a job, money 6 The cake
7 Trips or Journeys

1 나는 어제 밤에 와인 세 병 마셨어.
2 얼마나 많은 여행 가방을 가지고 있어?
3 요즘 사람들은 인터넷을 통해 우주 여행에 대한 약간의 정보를 얻을 수 있다.
4 나는 음악을 너무 좋아하는 사람이라 내 재생목록에는 많은 곡들이 있어.
5 나는 지금 직업이 없어서 돈이 없어.
6 네 생일에 먹었던 그 케이크는 정말 맛있었어.
7 여행은 반복되는 일상을 벗어날 수 있는 좋은 기회이다.

DAY
05

셀 수 있기도,
없기도 한
명사

Los Angeles, USA

같은 명사인데, 의미에 따라 셀 수 있기도 하고 셀 수 없기도 한 경우가 있습니다.
의미에 맞게 정확하게 사용해야 Writing 시험의 문법 점수에서 감점을 받지 않으며,
Reading과 Listening 시험에서도 보다 명확하게 해석을 할 수 있습니다.
예를 들어, light는 빛, a light는 전등으로 의미가 다르죠.

Quiz

본격적인 학습에 들어가기에 앞서 자신의 현재 실력을 확인해 보는 문제로, 부담 없이 풀어보세요.

다음 중 올바른 영어 문장은?

1 사람들은 종이를 재활용해야 해.

(a) People need to recycle papers.

(b) People need to recycle paper.

2 존은 머리 숱이 별로 없어.

(a) John does not have much hair.

(b) John does not have many hairs.

3 커튼 좀 닫아줘. 빛이 너무 많이 들어와.

(a) Close the curtain, please. There is too much light.

(b) Close the curtain, please. There are too many lights.

4 나는 그 파티에서 좋은 시간을 보냈어.

(a) I had great time at the party.

(b) I had a great time at the party.

5 제니는 일자리를 찾고 있어.

(a) Jenny is looking for work.

(b) Jenny is looking for a work

 Answer

1 (b) 2 (a) 3 (a) 4 (b) 5 (a)

셀 수 있기도, 없기도 한 명사

우리가 자주 사용하는 명사 중에는 두 얼굴을 가진 것들이 있는데요. 하나의 명사가 뜻에 따라서 셀 수 있기도, 셀 수 없기도 한답니다.

종이, paper는 셀 수 없는 명사예요. 종이는 쪼개도 쪼개도 계속 종이이기 때문에 이처럼 쪼개도 같은 물질인 사물은 셀 수가 없어요. 하지만 paper를 a paper나 papers라고 셀 수 있는 명사로도 쓸 수 있는데 이럴 때는 신문, 논문, 보고서라는 뜻이 된답니다. 셀 수 없는 명사일 때는 종이 그 자체이지만, 셀 수 있는 명사가 되면 종이를 활용해서 만든 무엇이 된다고 이해하면 쉬워요.

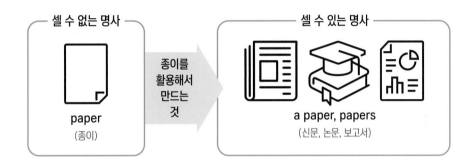

머리카락, hair는 너무 많아서 셀 수가 없기 때문에 머리카락 전체를 말할 때는 셀 수 없고, 어깨에 붙거나 바닥에 떨어진 머리카락 한 올, 두 올은 셀 수가 있어요.

빛, light는 햇빛 같은 자연광은 셀 수 없고, 인간이 만든 형광등 같은 인위적인 것은 셀 수 있어요.

시간, time은 무한해서 셀 수 없지만, 파티에서의 시간 같이 한정된 시간은 셀 수 있어요. 또한 세 번, three times, 네 번, four times라고 횟수를 나타낼 때도 셀 수 있는 명사가 된답니다.

일, work는 원래의 뜻인 일이나 직장을 말할 때는 셀 수 없지만, 작품 등 파생된 뜻으로 사용될 때는 셀 수 있어요.

셀 수 있기도, 셀 수 없기도 한 명사 비교

	Uncountable Nouns(셀 수 없는 명사)	Countable Nouns(셀 수 있는 명사)
paper	I need to buy paper and pencils. 나는 종이와 연필을 사야 해. (종이)	I read a paper every morning. 나는 매일 아침 신문을 읽어. (신문) The professor reviewed my papers. 교수는 내 보고서를 검토했다. (보고서)
hair	He does not have much hair. 그는 머리카락이 별로 없어. (머리카락 전체)	There are two hairs on your shoulder. 네 어깨 위에 머리카락 두 올이 있어. (머리카락 한 올)
light	Close the curtain. There is too much light. 커튼 좀 닫아줘. 빛이 너무 많이 들어와. (자연광)	There are three lights in my room. 내 방에는 전등이 세 개 있어. (전등)
time	I do not have time. 나는 시간이 없어. (시간)	I had a good time with John yesterday. 나는 어제 존과 좋은 시간을 보냈어. (한정된 시간) I have been to Korea three times. 나는 한국에 세 번 갔었어. (횟수)
work	I need to look for work. 나 일자리 찾아야 해. (일)	There are great works in this museum. 이 박물관에는 대단한 작품들이 있어. (작품들)
room	There is room for doubt. 의심의 여지가 있어. (여지) That furniture would take up too much room in the flat. 저 가구는 아파트에 너무 많은 공간을 차지할 것이다. (공간)	There are three rooms in my house. 우리 집에는 방에 세 개 있어. (방)

coffee	I like drinking coffee a lot. 나는 커피 마시는 것을 매우 좋아해. (커피)	I would like to order a coffee, please. 저는 커피 한 잔을 주문하고 싶습니다. (커피 한 잔)
glass	This wall is made of glass. 이 벽은 유리로 만들어졌어. (유리)	Wine glasses have different shapes and sizes. 와인 잔들은 다른 모양과 크기를 가지고 있다. (와인 잔) My glasses are scratched. 내 안경에 스크래치가 났어. (안경)

○ 어휘 정리

recycle 재활용하다 **shoulder** 어깨 **look for** 찾다 **museum** 박물관 **doubt** 의심, 의혹 **would** ~할 것이다 **take up** 차지하다 **flat** 아파트 **be made of** ~로 만들어지다 **scratch** 긁다

Exercise

주어진 단어를 문법에 맞게 넣으세요.

1 I have been to Australia seven _____ so far. (time)   * so far: 지금까지

2 Both of the _____ on the ceiling are pretty old. (light)   * ceiling: 천장

3 There is not much _____ for a sofa in my studio. (room)

4 I need to submit research _____ by tomorrow. (paper)   * submit: 제출하다

5 Mary has got long _____ and brown eyes. (hair)

6 I spilled _____ on my laptop. (coffee)   * spill: 쏟다

7 I bought the complete _____ of Leo Tolstoy. (work)   * complete: 완전한

Answer

1 times 2 lights 3 room 4 papers 5 hair 6 coffee 7 works

1 나는 지금까지 호주를 7번 갔다 왔다.

2 천장에 있는 두 개의 전등 모두 너무 오래되었다.

3 내 스튜디오에는 소파를 넣을 공간이 별로 없다.

4 나는 내일까지 연구 보고서를 제출해야 한다.

5 매리는 긴 머리와 갈색 눈동자를 가졌다.

6 나는 노트북에 커피를 쏟았다.

7 나는 레오 톨스토이의 전집을 샀다.

DAY
06

자주
틀리는
스펠링

Chicago, USA

Writing 시험에서 약간의 스펠링 실수는 채점관이 감점을 하지 않지만,
반복되는 실수는 영어 실력 부족으로 보아 감점을 합니다.
따라서 스펠링 실수를 하지 않도록 유의하세요.
본문에서는 수험생들이 Writing 시험에서 자주 틀리는 스펠링들을 소개합니다.

본격적인 학습에 들어가기에 앞서 자신의 현재 실력을 확인해 보는 문제로, 부담 없이 풀어보세요.

다음 중 스펠링이 올바른 영어 문장은?

1   학생으로서 런던에서 살기에는 기숙사가 훌륭한 선택이 될 수 있다.

(a) Halls of residence can be an excellent choice for accomodation in London as a student.
(b) Halls of residence can be an excellent choice for accommodation in London as a student.

2   정부는 대도시의 차량 공해 문제에 대해 진지하게 검토해야 한다.

(a) The government should address the problem of traffic pollution in big cities.
(b) The goverment should address the problem of traffic pollution in big cities.

3   연예인을 지나치게 동경하는 것은 10대들에게 좋지 않다.

(a) Admiring entertainers to much is not good for teenagers.
(b) Admiring entertainers too much is not good for teenagers.

4   오늘날 왕따는 전세계 학생들이 직면하고 있는 가장 심각한 문제이다.

(a) Nowaday, bullying is the most severe problem which many pupils face in the world.
(b) Nowadays, bullying is the most severe problem which many pupils face in the world.

5   우리 마을의 버스와 지하철은 항상 사람들로 붐빈다.

(a) The buses and undergrounds in my town are always overcrowded.
(b) The buses and undergrounds in my town are alway overcrowded.

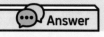 **Answer**

1 (b) 2 (a) 3 (b) 4 (b) 5 (a)

Grammar
자주 틀리는 스펠링

영어가 어려운 이유 중의 하나는 불규칙한 스펠링 때문이 아닐까 해요. 오죽하면 'spelling bee'라고 하는 스펠링을 정확하게 맞추는 대회까지 있으니까요. 여기서는 자주 틀리는 필수 단어들의 스펠링과, 발음과 스펠링은 비슷하지만 뜻이 전혀 다른 단어들을 위주로 공부해 보겠습니다.

① 자주 틀리는 필수 단어들

accommodation 숙박	cc와 mm 주의
advertisement 광고	se 주의
always 항상	s 주의
beginning 시작	nn 주의
convenient 편리한	ve 주의
country 국가	u 주의
environment 환경	n 주의
government 정부	n 주의
noticeable 주목할 만한	ce 주의
nowadays 요즘	a와 s 주의
tomorrow 내일	rr 주의
too 너무	oo 주의

② 스펠링은 같지만 발음과 뜻이 다른 단어

read	[riːd] 읽다(현재)	[red] 읽었다(과거, 과거분사)
tear	[tiər] 눈물	[tɛər] 찢다
live	[laiv] 생방송의, 살아있는	[liv] 살다
wind	[wind] 바람	[waind] ~을 감다
close	[klous] 가까운	[klouz] 닫다
lead	[led] 납	[liːd] 이끌다

③ 스펠링은 비슷하지만 발음과 뜻이 다른 단어

receipt [rɪsíːt] 영수증	recipe [résəpi] 요리법
desert [dézərt] 사막	dessert [dɪzɔ́ːrt] 디저트, 후식
lose [luːz] 잃어버리다, 잃다	loose [luːs] 헐렁한, 느슨하게 풀다
precede [prɪsíːd] ~에 앞서다	proceed [proʊsíːd] 계속 진행하다
ingenious [indʒíːnjəs] 독창적인	indigenous [indídʒənəs] 토착의, 타고난
adapt [ədǽpt] 적응하다	adopt [ədápt] 입양하다, 채택하다
advice [ədváis] 조언, 충고	advise [ədváiz] 조언하다
loyal [lɔ́iəl] 충성스러운	royal [rɔ́iəl] 왕실의
late [leit] 늦은	lately [léitli] 최근에, 요즘
affect [əfékt] 영향을 미치다	effect [ifékt] 영향
quiet [kwáiət] 고요, 고요한	quite [kwait] 꽤, 상당히
sometime [sʌ́mtàim] (미래나 과거의) 언젠가	sometimes [sʌ́mtàimz] 가끔
though [ðou] 비록 ~ 일지라도	through [θruː] ~을 통과하여

④ 발음은 똑같고 스펠링은 비슷하지만 뜻이 다른 단어

principal [prínsəpl] 교장, 중요한	principle [prínsəpl] 원칙
than [ðən] ~보다	then [ðen] 그 때
compliment [kámpləmənt] 칭찬, 찬사	complement [kámpləmənt] 보충물, 보완하다
bear [bɛər] 곰, 참다	bare [bɛər] 나체의, 드러내다
flower [fláuər] 꽃	flour [fláuər] 밀가루
weather [wéðər] 날씨	whether [wéðər] ~인지 아닌지
die [dai] 죽다	dye [dai] 염료, 염색하다
jean [dʒiːn] 청바지	genes [dʒiːn] 유전자
right [rait] 오른쪽, 권리, 옳은	write [rait] 쓰다
here [hiər] 여기	hear [hiər] 듣다
see [siː] 보다, 알다	sea [siː] 바다
there [ðɛ́ər] 거기	their [ðɛ́ər] 그들의
stationary [stéiʃənèri] 정지된, 고정된	stationery [stéiʃənèri] 문구, 사무용품

미국식 스펠링과 영국식 스펠링 비교

대부분의 시험에서는 영국식이든 미국식이든 스펠링만 정확하면 모두 정답으로 인정해요. 내가 가고 싶은 나라가 어떤 영어를 쓰는지를 파악한 후 거기에 맞춰 스펠링을 공부하면 보다 실용적이겠죠?

미국식 → 영국식	미국식 스펠링	영국식 스펠링	한글 뜻
or → our	favorite	favourite	좋아하는
	color	colour	색상
	labor	labour	일, 노동
	neighbor	neighbour	이웃
	humor	humour	유머
	honor	honour	영광
	behavior	behaviour	행동
er → re	center	centre	센터
	fiber	fibre	섬유, 섬유질
	theater	theatre	극장
	meter	metre	미터
ize → ise	realize	realise	알다, 깨닫다
	specialize	specialise	전문화하다
	apologize	apologise	사과하다
	emphasize	emphasise	강조하다
	recognize	recognise	인식하다
	organize	organise	조직하다
	analyze	analyse	분석하다
	criticize	criticise	비판하다
ll → l	enrollment	enrolment	등록
	fulfill	fulfil	성취하다
	skillful	skilful	능숙한
se → ce	defense	defence	방어
	license	licence	면허, 자격증
ed → t	dreamed	dreamt	꿈꿨다(과거, 과거 완료)
	learned	learnt	배웠다(과거, 과거 완료)
	burned	burnt	불에 탔다(과거, 과거 완료)
기타	program	programme	프로그램
	jewelry	jewellery	보석
	mom	mum	엄마
	tire	tyre	타이어

Exercise

주어진 단어 중 올바른 단어를 빈칸에 넣으세요.

1 Texas was a large and arid _____. (desert / dessert)

2 Walking 30 minutes a day is the best way to _____ weight. (lose / loose)

3 SNS has more positive aspects _____ negative ones. (than / then)

4 My father often refers to the Bible when I ask him for _____. (advice / advise)

5 Immigrants should _____ to the local culture when immigrating to a new country. (adapt / adopt)

6 It is doubtful _____ a recycling policy could solve the waste problem.
   (whether / weather)

7 Tourism can have a negative _____ on the environment. (affect / effect)

Answer

1 desert 2 lose 3 than 4 advice 5 adapt 6 whether 7 effect

1 텍사스는 크고 건조한 사막이었다.

2 하루에 30분씩 걷는 것은 살을 빼는 데 가장 좋은 방법이다.

3 SNS는 부정적인 면보다는 긍정적인 면을 더 많이 가지고 있다.

4 내가 아버지에게 조언을 구할 때 아버지는 종종 성경(구절)을 언급한다

5 새로운 나라로 이민 가는 이주자들은 그 지역 문화에 적응해야 한다.

6 재활용 정책이 폐기물 문제를 정말로 해결할 수 있을지 의심스럽다.

7 관광산업은 환경에 부정적인 영향을 끼칠 수 있다.

분수를 알라

Philadelphia, USA

분수를 영어로 구사하면, 보다 다양한 표현을 채점관에게 보여줄 수 있는 장점이 있습니다. 특히 IELTS Academic Module을 준비하는 수험생들은 Writing Task 1에서 그래프 수치를 분수로 표현하는 연습을 해봅시다.

Quiz

본격적인 학습에 들어가기에 앞서 자신의 현재 실력을 확인해 보는 문제로, 부담 없이 풀어보세요.

다음 중 올바른 영어 문장은?

1 미국인의 3분의 2가 과체중이거나 비만이다.

(a) Two third of Americans are overweight or obese.
(b) Two thirds of Americans are overweight or obese.

2 2030년까지 대부분 선진국에서 65세 이상 인구가 3 분의 1이 넘을 것으로 예상한다.

(a) By 2030, over one third of the population in most developed countries will be aged 65 and over.
(b) By 2030, over one thirds of the population in most developed countries will be aged 65 and over.

3 위약(가짜약)은 4분의 1의 환자들에게 효과적이다.

(a) Placebos are effective in a quarter of patients.
(b) Placebos are effective in one four of patients.

4 전 세계 인구의 5분의 1이 아직도 가난으로 고통받고 있다.

(a) One of fifths of the world's population is still suffering from poverty.
(b) A fifth of the world's population is still suffering from poverty.

5 이 건물의 4분의 3 이상이 유리로 되어 있다.

(a) More than three quarter of this building is made of glass.
(b) More than three quarters of this building is made of glass.

 Answer

1 (b) 2 (a) 3 (a) 4 (b) 5 (b)

영어로 분수 말하기

제가 영국에 있었을 때 가장 손꼽아 기다리던 날은 크리스마스가 아니라 크리스마스 다음 날부터 시작되는 Boxing Day였어요! Boxing Day란, 원래는 영국과 영연방 국가에서 하인들에게 선물을 하던 휴일이지만 오늘날에는 파격적 할인가로 제품을 판매하는 크리스마스 전후의 쇼핑 시즌을 말해요. 이 시즌에는 보통 up to 75%까지 세일하는 가게들이 많아요. 10 만원짜리 원피스를 2만 5천 원에 살 수 있는 거죠. 득템!

자, 그럼 여기서 75%는 분수로 어떻게 표현할까요? 으~ 수학이네... 나 수포자라고요! 아... 머리 아파. 자, 초등학교 산수 시간으로 돌아가서... 75%는 100분의 75이고, 이것을 약분하면 4분의 3이 되죠. ¾의 아래쪽에 있는 수를 분모, 위에 있는 수를 분자라고 하는데, 엄마가 아들을 업고 있다고 생각하면 쉬워요. 그리고 4분의 3을 읽는 방법은 분자를 먼저 읽고 분모를 나중에 읽으면 되는데, 여기서 분자는 기수로 분모는 서수로 읽습니다. 기수는 one, two, three, four... 이고, 서수는 first, second, third, fourth... 를 말하는 거예요.

그럼 다시 4분의 3으로 돌아와서, 자~ 읽어 봅시다. 분자부터 기수로 읽으면 three, 그 다음 분모를 서수로 읽으면 fourth, 따라서 three fourth. 정답일까요? 땡! 아닙니다. 영어에서는 4분의 1을 말할 때 혹은 무언가를 4등분으로 나눌 때는 quarter라고 말해요. 그러면 three quarter가 답이냐? 노노! 저는 단복수를 구분하는 것이 정말 중요하다고 생각하는데요. 앞에 three, 복수가 있으니까 뒤에 있는 quarter는 당연히 복수 형태가 되어야 하죠. 따라서 정답은 three quarters가 된답니다.

"오직 25%의 졸업생만이 직업을 구한다."
위 문장을 영작할 때, Only 25 percent of graduates find a job. 이라고 할 수 있지만
Only a quarter of graduates find a job. 이라고 표현하면 좀 더 세련된 맛이 있어요.

영어는 다양한 표현을 좋아합니다. 따라서 숫자를 분수 등을 활용해서 표현한다면 훨씬 더 수준 높은 영어를 구사할 수 있어요.

분수 말고도 분수와 비슷한 표현이 있는데요. 10%는 10분의 1, 분수로 one tenth 또는 a tenth라고 하지만 열 개 중의 하나라고 해서 one in ten (영국식 영어) 또는 one out of ten (미국식 영어)으로 표현할 수도 있습니다. 이 때는 모두 기수로 쓰는 걸 주의해 주세요!

분수를 영어로 읽기

분자	3	기수로 읽기 (one/a, two, three, four...)
분모	— 4	서수로 읽기 (first, second, third, fourth...)

10%	$\dfrac{1}{10}$	one tenth / a tenth
25%	$\dfrac{1}{4}$	one quarter / a quarter
33.3%	$\dfrac{1}{3}$	one third / a third
50%	$\dfrac{1}{2}$	one half / a half
66.6%	$\dfrac{2}{3}$	two thirds
75%	$\dfrac{3}{4}$	three quarters
80%	$\dfrac{4}{5}$	four fifths

* 숫자 1은 one으로 말해도 되고 a라고 말해도 돼요.

ONE HALF   **ONE QUARTER**

분수를 활용한 다양한 표현

24.5%나 32%와 같이 분수로 정확하게 나타낼 수 없는 수치도 다음과 같은 표현을 사용해서 분수로 나타내거나 다른 표현으로 다양하게 작성할 수 있어요.

대략	approximately, around, about, roughly, nearly
많은 (초과의)	over
적은 (미만의)	under
약간 많은 (초과의)	slightly more than, just over
약간 적은 (미만의)	slightly less than, just under
대다수, 대부분 (주로 90% 이상의 수치)	the vast majority of, most
극소수, 약간, 겨우 (주로 10% 이하의 수치)	a small minority, just, only, mere, merely

다음은 다양한 수치를 표현한 예문입니다.

1   설문에 응한 사람들의 극소수(2%)만 만족했다고 말했다.
    A small minority of those surveyed said that they felt satisfied.

2   4분의 1보다 약간 적은 사람들(23%)이 좀 더 불안을 느꼈다고 말했다.
    Slightly less than a quarter said that they felt more anxious.

3   약 세 명 중의 한 명(33%)은 이 도전은 그들이 공부에 흥미를 잃게 만들었다고 말했다.
    About one in three indicated that the challenge made them lose interest in their studies.

4   대답한 사람들의 반 정도(51%)는 그들이 좀 더 동기부여를 받았다고 말했다.
    Roughly half of those who responded said that they felt more motivated.

5   조사에 참여한 한국 학생들의 4분의 3 이상(77%)이 공부에 집중하는 것을 느꼈다고 말했다.
    More than three quarters of the Korean students surveyed replied that they felt focused to study.

6   응답자의 대다수(97%)는 이 시험이 흥미로웠다고 말했다.
    The vast majority of respondents said that they found the test exciting.

Exercise

주어진 힌트를 활용해서 올바른 답을 빈칸에 넣으세요.

1 _____ wore pink. (네 명 중 세 명의 소녀들)

2 _____ of the participants came from abroad. (4분의 3이 넘는)

3 _____ of the profit is donated to charity organizations. (약 3분의 1)

4 I need to wait for _____. (한 시간 반)

5 I ate _____ of the pizza by myself. (3분의 2)

6 The boys ate _____. (피자 다섯 판 반)

7 The bus leaves in _____.
(15분 안에, quarter를 써서 분수로 표기하세요.)

💬 Answer

1 Three in four girls 또는 Three out of four girls 2 Over three quarters 3 About a third
4 one and a half hours 또는 an hour and a half 5 two thirds 6 five and a half pizzas 7 a quarter of an hour

1 네 명 중 세 명의 소녀들은 핑크색 옷을 입었다.
2 4분의 3이 넘는 참가자들은 해외에서 왔다.
3 이익의 약 3분의 1이 자선 단체들로 기증된다.
4 나는 한 시간 반 동안 기다려야 해.
5 나는 혼자서 피자의 3분의 2를 먹었다.
6 소년들은 피자 다섯 판 반을 먹었다.
7 버스는 15분 안에 떠난다.

DAY

08

영어로

숫자 말하기

Melbourne, Australia

TOEFL에서 등장하는 지문에는 숫자 표현들이 많이 등장합니다.
숫자 표현을 직관적으로 이해할 수 있다면,
그만큼 내용을 더 빠르고 정확하게 이해할 수 있죠.
또한 IELTS Academic Module의 Writing Task 1은 수치 분석이
주를 이루는 만큼 숫자에 대한 확실한 이해가 필요합니다.

본격적인 학습에 들어가기에 앞서 자신의 현재 실력을 확인해 보는 문제로, 부담 없이 풀어보세요.

다음 중 올바른 영어 문장은?

1 이 리서치에 따르면, 아침을 거르는 사람들의 수는 오십오만 명이다.

  (a) According to the research, the number of people skipping breakfast is five hundred and fifty thousand.

  (b) According to the research, the number of people skipping breakfast is fifty-five thousand.

2 실업자 수는 칠백만 명이다.

  (a) The number of unemployed people is seven hundred million.

  (b) The number of unemployed people is seven million.

3 우리나라 호랑이의 수는 육만 마리이다.

  (a) The number of tigers in my country is sixty thousand.

  (b) The number of tigers in my country is six thousand.

4 지난해, 내가 사는 도시의 관광객 수는 삼십만 명이었다.

  (a) Last year, the number of tourists in my city was three hundred thousand.

  (b) Last year, the number of tourists in my city was thirty hundred thousand.

5 2020년, 인터넷 쇼핑객의 수는 42억 명이었다.

  (a) In 2020, the number of Internet shoppers was forty-two billion.

  (b) In 2020, the number of Internet shoppers was four-point-two billion.

 Answer

1 (a) 2 (b) 3 (a) 4 (a) 5 (b)

Grammar | 영어로 숫자 말하기

직장인분들 중에는 연봉 1억을 꿈꾸는 분들이 많을 거 같은데요. 그렇다면 1억은 영어로 어떻게 표현할까요? '억'이 영어로 뭐더라... 라고 생각하고 있다면, 이 책을 정말 잘 선택하셨어요. 왜냐하면 숫자를 영어로 말할 때는 한글을 영어로 번역하려고 하면 절대 안되거든요!

오늘은 아주 쉽게 숫자를 영어로 읽는 방법을 알려드릴게요. 우선 1억을 아라비아 숫자로 쓰면 100,000,000이고 one hundred million이라고 말해요. 숫자 1은 one대신 a라고도 말해도 된답니다.

콤마(쉼표)의 이름만 영어로 잘 기억하면 숫자 읽는 게 참 쉬워지는데, 1,000,000,000을 예로 들어 볼게요. 이건 얼마죠? 설마 뒤에서부터 일, 십, 백, 천, 만... 이렇게 세고 있는 건 아니겠지요? 영(0) 세 개마다 한 개씩 콤마를 찍잖아요? 이것을 먼저 잘 기억해 주시고요. 이를 바탕으로 앞에서 말한 숫자 1,000,000,000 십억을 영어로 말하면 one billion이 되는 거죠.

아... 나 수포자인데... 무슨 말인지 모르겠다... 머리 아파... 라고 하시는 분들을 위해 좀 더 자세히 설명 드려요.

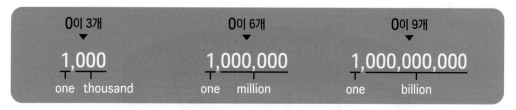

12,000 (만이천)	twelve thousand
230,000 (이십삼만)	two hundred and thirty thousand
3,500,000 (삼백오십만)	three million, five hundred thousand = three-point-five million
45,000,000 (사천오백만)	forty-five million
560,000,000 (오억육천만)	five hundred and sixty million
6,700,000,000 (육십칠억)	six billion, seven hundred million = six-point-seven billion

영어로 숫자를 자유롭게 말하고 싶다면 다음 세 가지를 무조건 기억해 주세요!

1. 한글을 영어로 번역하려고 하지 말자!

2. billion은 억이 아니라 십억이다.

3. 콤마를 기반으로 숫자 읽는 연습을 하자!

영 3개인 1,000(천)은 ➡ thousand

영 6개인 1,000,000(백만)은 ➡ million

영 9개인 1,000,000,000(십억)은 ➡ billion

Further Study

환율 계산하기

보통 부자라고 말할 때 백만장자, 영어로는 millionaire [mìljənέər] 라고 하잖아요. 그렇다면 백만 달러는 우리나라 돈으로 얼마일까요? 먼저 1달러는 천 원이라고 가정하면 백만 달러, one million dollars는 십억 원, one billion won이랍니다.

$1 ≒ ₩1,000로, 달러에서 원으로 가면 영(0)이 세 개 늘어나요. 따라서 달러에서 원으로 갈 때는 thousand는 million으로, million은 billion으로 바꾸고, 반대로 원에서 달러로 갈 때는 거꾸로 영(0)이 세 개가 줄어드니까 million은 thousand로, billion은 million으로 콤마의 이름만 바꿔주면 된답니다. 앞으로 해외여행 갈 때, 돈 계산 더 쉽고 빠르게 하실 수 있겠죠?

$	₩
$1 one/a dollar	₩1,000 one/a thousand won
$30 thirty dollars	₩30,000 thirty thousand won
$400 four hundred dollars	₩400,000 four hundred thousand won
$5,000 five thousand dollars	₩5,000,000 five million won
$60,000 sixty thousand dollars	₩60,000,000 sixty million won
$700,000 seven hundred thousand dollars	₩700,000,000 seven hundred million won
$8,000,000 eight million dollars	₩8,000,000,000 eight billion won

* 숫자 1은 one으로 말해도 되고 a라고 말해도 돼요.
* 2 이상의 복수인 경우 달러(dollar)나 파운드(pound)에는 '~s'가 붙지만, 우리나라 돈 원(won)에는 '~s'가 붙지 않는다는 점도 기억해 주세요.

Exercise

다음 영어를 숫자로 써주세요.

1 twenty thousand

    _____

2 three hundred and fifty thousand

    _____

3 five thousand

    _____

4 four-point-eight million

    _____

5 sixty-one million

    _____

6 seven hundred and sixty million

    _____

7 two-point-seven billion

    _____

8 nine million

    _____

9 four hundred thousand

    _____

10 eighty-five billion

    _____

Answer

1 20,000 2 350,000 3 5,000 4 4,800,000 5 61,000,000 6 760,000,000 7 2,700,000,000 8 9,000,000
9 400,000 10 85,000,000,000

주어에
맞는
동사 고르기

Montreal, Canada

주어에 맞는 동사 쓰기는 영작의 첫 걸음입니다.

하지만 많은 IELTS와 TOEFL 수험생들이 바쁘게 글을 쓰다가

주어와 동사를 맞추지 못하는 실수를 많이 합니다.

따라서 동사를 쓸 때는 항상 주어를 생각하는 습관을 갖고,

에세이를 다 쓰고 교정할 시간이 있다면 주어에 맞는 동사를 썼는지 꼭 확인하세요.

다음 중 올바른 영어 문장은?

1   찰스는 아침에 일어나면 커피 마시는 것을 좋아한다.

(a) Charles like to drink coffee when he gets up in the morning.
(b) Charles likes to drink coffee when he gets up in the morning.

2   너와 나는 공부를 열심히 해야 해.

(a) You and I need to study hard.
(b) You and I needs to study hard.

3   학교에서 사교기술과 여가시간을 건전하게 즐기는 방법을 배우는 학생들은 많지 않다.

(a) Not many students learn social skills and healthy ways to enjoy their free time at school.
(b) Not many students learns social skills and healthy ways to enjoy their free time at school.

4   어떤 사람들은 대학에서 공부하는 것이 성공적인 경력을 위한 가장 좋은 길이라고 말한다.

(a) Some people say that studying at university are the best route to a successful career.
(b) Some people say that studying at university is the best route to a successful career.

5   아프리카의 아이들은 태어난 곳에서 아주 멀리 떨어진 곳으로 여행할 기회가 거의 없다.

(a) Children in Africa has few opportunities to travel very far from where they were born.
(b) Children in Africa have few opportunities to travel very far from where they were born.

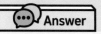Answer

1 (b) 2 (a) 3 (a) 4 (b) 5 (b)

주어에 맞는 동사 고르기

영어 문법에서 가장 기본이자 중요한 것을 꼽으라면 주어에 맞는 동사를 고르기죠. 모든 문장에는 주어와 동사가 들어가는 데, 이 둘이 잘 맞지 않는다면 올바른 문장을 구사할 수 없으니까요. 이번 Day에서는 '이거 너무 쉬운 거 아니야?'라는 생각이 들 정도로 기초 중의 기초를 공부할 건데요, 앞에서 푼 Quiz 다섯 문제 중 하나라도 놓친 문제가 있다면 지금 이 순간 집중해야 합니다.

다음 빈칸에 주어에 맞는 be 동사, 조동사 및 일반 동사를 적어 보세요.

No.	주어 (단순 주어)	be 동사 현재	be 동사 과거	조동사/ 일반동사 do	조동사/ 일반동사 have	일반동사 use
1	I					
2	You					
3	He					
4	She					
5	It					
6	They					
7	A person					
8	Jack					
9	You and I					
10	Juli and Jack					
11	People					
12	Water					
13	The Internet					
14	The police					
15	Air					
16	Running					

Answer

No.	주어 (단순 주어)	be 동사 현재	be 동사 과거	조동사/ 일반동사 do	조동사/ 일반동사 have	일반동사 use
1	I	am	was / were	do	have	use
2	You	are	were	do	have	use
3	He	is	was	does	has	uses
4	She	is	was	does	has	uses
5	It	is	was	does	has	uses
6	They	are	were	do	have	use
7	A person	is	was	does	has	uses
8	Jack	is	was	does	has	uses
9	You and I	are	were	do	have	use
10	Juli and Jack	are	were	do	have	use
11	People	are	were	do	have	use
12	Water	is	was	does	has	uses
13	The Internet	is	was	does	has	uses
14	The police	are	were	do	have	use
15	Air	is	was	does	has	uses
16	Running	is	was	does	has	uses

1. 1인칭 단수 I의 be 동사 현재형은 am. am은 I하고만 쓰인다. I의 과거는 was와 were로, were는 가정법에만 쓰인다.

2. You는 2인칭 단수(너)와 복수(너희들)로 쓰인다. You는 3인칭 복수와 동사의 형태 변화가 같다.

3 & 4. He와 She는 3인칭 단수 동사의 형태 변화를 따른다.

5. It은 3인칭 단수 동사의 형태 변화를 따른다.

6. They는 3인칭 복수 동사의 형태 변화를 따른다.

7. A person은 단수명사로 3인칭 단수와 동사의 형태 변화가 같다.

8. Jack은 고유명사. 사람 이름이므로 3인칭 단수와 동사의 형태 변화가 같다.

9. 2인칭 단수인 You와 1인칭 단수인 I가 더해지면 두 사람(복수)이 되므로 3인칭 복수와 동사의 형태 변화가 같다.

10. 사람 이름인 Juli와 Jack이 더해지면 두 사람, 복수가 되므로 3인칭 복수와 동사의 형태 변화가 같다.

11. People은 person의 복수명사. 3인칭 복수와 동사의 형태 변화가 같다.

12. Water는 셀 수 없는 명사로 단수 취급한다.

13. The Internet은 고유명사. 셀 수 없기 때문에 단수 취급한다.

14. The police는 경찰들을 의미하는 복수명사. 3인칭 복수와 동사의 형태 변화가 같다.

15. Air는 셀 수 없는 명사. 셀 수 없기 때문에 단수 취급한다.

16. Running은 동사 run을 명사로 만들기 위해 ing가 붙은 동명사. 셀 수 없기 때문에 단수 취급한다.

주어에 맞는 동사 고르기

다음 빈칸에 주어에 맞는 be 동사, 조동사 및 일반 동사를 적어 보세요.

No.	주어 (단순 주어)	be 동사 현재	be 동사 과거	조동사/ 일반동사 do	조동사/ 일반동사 have	일반동사 use
1	A lot of baggage					
2	Teenagers living in the USA					
3	The water you have					
4	Visiting a lot of countries					

Answer

No.	주어 (단순 주어)	be 동사 현재	be 동사 과거	조동사/ 일반동사 do	조동사/ 일반동사 have	일반동사 use
1	A lot of baggage	is	was	does	has	uses
2	Teenagers living in the USA	are	were	do	have	use
3	The water you have	is	was	does	has	uses
4	Visiting a lot of countries	is	was	does	has	uses

1. A lot of baggage는 '많은 짐' 이라는 의미이고 baggage는 셀 수 없는 명사이기 때문에, 여기서 A lot of baggage는 much baggage의 의미로 단수 취급한다.

2. Teenagers living in the USA는 '미국에 살고 있는 십대들'이라는 의미로 living in the USA가 'Teenagers'를 꾸며주고 있다. 여기서 주어는 USA가 아닌, 맨 앞에 나온 Teenagers이기 때문에 Teenagers에 맞춰 복수 취급한다.

3. The water you have는 '네가 가진 물'이라는 의미로 you have가 The water를 꾸며주고 있다. 여기서 주어는 you가 아닌, 맨 앞에 나온 The water이기 때문에 셀 수 없는 명사 water에 맞춰 단수 취급한다.

4. Visiting a lot of countries는 '많은 나라를 방문하는 것'이라는 의미로, 여기서 주어는 countries가 아닌 Visiting이기 때문에 Visit의 동명사인 Visiting에 맞춰 단수 취급한다.

Exercise

주어진 단어 중 올바른 것을 빈칸에 넣으세요.

1 A lot of people _____ able to search for useful information thanks to free wireless Internet. (is / are)

2 Learning English _____ inevitable to be a global leader in a globalized world. (is / are)

3 Young children from a multicultural family often _____ severe problems like language barriers. (face / faces)

4 Children need to be taught to obey the law in advance before they _____ adults. (become / becomes)

5 We live in a materialistic world where someone's status is determined by what he or she_____. (own / owns)

6 I do not work hard for a living but _____ smart for the quality of life. (work / works)

7 The controversy about free lunches for all students _____ been around for some time in South Korea. (has / have)

Answer

1 are 2 is 3 face 4 become 5 owns 6 work 7 has

1 무료 무선 인터넷 덕분에 많은 사람들은 유용한 정보를 검색할 수 있다.

2 세계화 시대에 글로벌 리더가 되기 위해서 영어를 배우는 것은 불가피하다.

3 다문화 가정 아이들은 종종 언어장벽 같은 심각한 문제들에 직면한다.

4 아이들은 어른이 되기 전에 준법을 미리 배워야 한다.

5 우리는 소유한 것에 의해 신분이 결정되는 물질주의 세상에 살고 있다.

6 나는 생계를 위해서 열심히 일하는 것이 아니라 삶의 질을 위해서 영리하게 일한다.

7 한국에서는 모든 학생들을 대상으로 하는 무료 급식에 대한 논란이 한동안 지속되었다.

DAY

10

시제에 따른

동사 변화

Washington DC, USA

시제에 맞는 동사를 사용하는 것은 Speaking과 Writing 시험의 기본입니다.
또한, 다양한 동사의 과거 및 과거 완료 형태를 제대로 알고 있으면,
Reading 지문을 읽거나 Listening 지문을 들을 때도
보다 빠르고 정확하게 해석이 가능합니다.

본격적인 학습에 들어가기에 앞서 자신의 현재 실력을 확인해 보는 문제로, 부담 없이 풀어보세요.

다음 중 동사 변화가 올바른 것은? (원형-과거-완료)

1 좋아하다

(a) like – liked – liked

(b) like – liked – liken

2 노래하다

(a) sing – sang – song

(b) sing – sang – sung

3 되다

(a) become – became – become

(b) become – became – became

4 이기다, (심장이) 고동치다

(a) beat – beat – beaten

(b) beat – beaten – beaten

5 하다

(a) do – did – did

(b) do – did – done

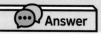 **Answer**

1 (a) 2 (b) 3 (a) 4 (a) 5 (b)

시제에 따른 동사 변화

동사, verb는 시제에 따라 변화합니다. 우리나라 말도 하다–했다–했었다 등 시제에 따라 변하잖아요. 영어의 동사를 공부할 때는 각 동사의 원형–과거–완료 형태까지 함께 공부해야 시제에 맞춰서 자유롭게 동사를 구사할 수 있답니다. 동사 원형은 동사의 기본형, 사전에 나오는 원래의 형태를 말하고, 과거는 말 그대로 동사의 과거형, 완료는 현재완료(have+pp), 과거완료(had+pp) 그리고 수동태(be동사+pp)에 사용하는 동사의 형태입니다.

그럼 동사의 미래형도 있나요? 아니요. 미래 시제를 나타낼 때는 주로 조동사 will을 많이 써요. 따라서 조동사 다음에는 무조건 동사원형을 쓰는 법칙에 따라 원형을 쓰면 됩니다.

동사	원형	과거	완료	미래
call	사전에 나오는 동사의 기본형	과거 시제에 쓰는 동사의 과거형	현재완료 과거완료 수동태에 사용하는 동사의 형태	주로 조동사 will 다음에 동사의 원형
	call	called	(have/had/be동사) + called	(will) + call

– 원형: I call Jenny every day. 나는 매일 제니한테 전화해.

– 과거: I called Jenny yesterday. 나는 어제 제니한테 전화했어.

– 완료: I have just called Jenny. 나는 막 제니한테 전화했어. (현재완료)

– 미래: I will call Jenny tomorrow. 나는 내일 제니한테 전화할거야.

시제는 상당히 중요한데, 특히 스피킹에서 한국인 학생들은 시제를 간과하는 경향이 있어요. 예를 들어, My father was a good person. 이라고 말한다면 우리 아빠는 돌아가셨거나, 아니면 지금은 좋은 사람이 아니라는 의미로 들릴 거예요. 의미 전달을 위해서라도 시제는 늘 신경 쓰면서 말해야 하고 정확하게 구사하기 위해서는 각 동사의 변화를 입에 붙도록 노래처럼 연습해야 합니다.

PAST   PRESENT   FUTURE

규칙 동사와 불규칙 동사

영어 공부가 끝이 없는 건, 늘 변수가 있기 때문인데요. 동사 변화에도 규칙적으로 변하는 동사와 불규칙적으로 변하는 동사가 있답니다. 여기서 말하는 규칙이란 동사의 원형이 과거와 완료형으로 바뀔 때, 원형 뒤에 <-ed>가 붙는 것을 말해요. 위에서 공부한 단어, call을 예로 들면 동사원형 call의 과거는 called, 완료형은 called인 것처럼요. 참고로 e로 끝나는 단어는 e가 겹치기 때문에 <-d>만 붙여주면 된답니다. 참, 간단하죠?

이렇게 모든 동사가 규칙적으로 변한다면야 정말 좋겠지만, 불규칙으로 변하는 동사 때문에 우리는 애를 먹고 있는데요. 그래도 다행인 것은 동사에는 규칙 동사가 훨씬 많으니까 자주 쓰는 불규칙 동사만 외워주면 된다는 것.

다음에 나오는 규칙 동사와 불규칙 동사의 변화를 원어민 성우의 목소리를 들으면서 수십 번 따라 한다면 동사 변화를 자유자재로 정확하게 구사할 수 있을 거예요.

1 규칙 동사 (regular verbs) 🔊 Day 10 | 규칙동사

동사가 과거와 완료형으로 바뀔 때 원형에 <-ed>를 붙여줍니다.

e로 끝나는 동사는 e가 중복되기 때문에 <-d>만 붙입니다.

동사원형	과거 <-ed> / <-d>	완료 <-ed> / <-d>	한국어 뜻
attach	attached	attached	붙이다, 첨부하다
call	called	called	전화하다, ~라고 부르다
change	changed	changed	바꾸다
disappear	disappeared	disappeared	사라지다
earn	earned	earned	얻다
like	liked	liked	좋아하다
look	looked	looked	보다
pack	packed	packed	싸다, 포장하다
reflect	reflected	reflected	반영하다
save	saved	saved	저장하다, 구하다
work	worked	worked	일하다, 작업하다

2 불규칙 동사 (irregular verb)

불규칙적인 동사도 가만 들여다보니 불규칙 속에 규칙이 있더라고요. 다음 다섯 가지 변화 유형을 자주 나오는 순서대로 정리했습니다. 이 책에 나오는 불규칙 동사 변화만 잘 외우고 있어도 수준 높은 의사소통은 물론 시험 영어도 충분히 대비할 수 있습니다.

① 동사의 형태가 완전히 변하는 경우 🔊 Day 10 불규칙동사 1

동사원형	과거	완료	한국어 뜻
awake	awoke	awoken	깨우다
be	was, were	been	~이다
begin	began	begun	시작하다
break	broke	broken	깨다
choose	chose	chosen	선택하다
do	did	done	하다
drink	drank	drunk	마시다
eat	ate	eaten	먹다
fly	flew	flown	날다
get	got	gotten	얻다
give	gave	given	주다
go	went	gone	가다
grow	grew	grown	커지다, 성장하다
hide	hid	hidden	숨다
rise	rose	risen	오르다
see	saw	seen	보다
show	showed	shown	보여주다
take	took	taken	가지고 가다
write	wrote	written	쓰다

② 동사의 과거와 과거완료의 형태가 같은 경우 🔊 Day 10 불규칙동사 2

동사원형	과거	완료	한국어 뜻
bring	brought	brought	가져오다
build	built	built	짓다
burn	burned/burnt	burned/burnt	타오르다, 타다
buy	bought	bought	구매하다
catch	caught	caught	잡다
dream	dreamed/dreamt	dreamed/dreamt	꿈을 꾸다
feel	felt	felt	느끼다
fight	fought	fought	싸우다
find	found	found	찾다
hang	hung	hung	걸다
have	had	had	가지다
hear	heard	heard	듣다
hold	held	held	잡고 있다
keep	kept	kept	유지하다
lead	led	led	이끌다
learn	learned/learnt	learned/learnt	배우다
make	made	made	만들다
mean	meant	meant	의미하다
say	said	said	말하다
sell	sold	sold	팔다
send	sent	sent	보내다
teach	taught	taught	가르치다
tell	told	told	말하다
think	thought	thought	생각하다

③ 시제에 따른 동사의 변화가 없는 경우 🔊 Day 10 불규칙동사 3

동사원형	과거	완료	한국어 뜻
bet	bet	bet	돈을 걸다
bid	bid	bid	값을 부르다
broadcast	broadcast/broadcasted	broadcast/broadcasted	방송하다, 널리 알리다
cost	cost	cost	비용이 들다
cut	cut	cut	자르다
hit	hit	hit	치다
hurt	hurt	hurt	다치게 하다, 아프다
let	let	let	~하게 놓아두다, ~을 하도록 허락하다
put	put	put	놓다
read	read	read	읽다
shut	shut	shut	닫다

④ 동사의 원형과 과거완료의 형태가 같은 경우 🔊 Day 10 불규칙동사 4

동사원형	과거	완료	한국어 뜻
become	became	become	~이 되다
come	came	come	오다
run	ran	run	달리다

⑤ 동사의 원형과 과거의 형태가 같은 경우 🔊 Day 10 불규칙동사 5

동사원형	과거	완료	한국어 뜻
beat	beat	beaten	치다

Exercise

주어진 동사를 문장에 맞게 써주세요.

1   Organic farming has _____ one of the fastest growing trends in agriculture over the last ten years. (become)

2   Geoffrey Chaucer, who _____ *The Canterbury Tales*, was a writer who transcended the influences of his period. (write)

3   The London 2012 Olympic Games were _____ in 3D. (broadcast)

4   It _____ a lot to renovate and expand the living room last year. (cost)

5   Children need to be _____ to obey the law in advance before they become adults. (teach)

6   The board _____ a unanimous decision to sell 10 retail shops next year. (make)

7   Global warming will _____ to climate change next century. (lead)

Answer

1 become 2 wrote 3 broadcast 4 cost 5 taught 6 made 7 lead

1 지난 10년 간, 유기농법은 농업에서 가장 빠르게 성장하는 트렌드 중 하나이다.

2 '캔터베리 이야기'를 쓴 제프리 초서는 당시의 시대적 영향을 초월한 작가였다.

3 2012 런던 올림픽 게임은 3D로 방송되었다.

4 작년에 거실을 수리하고 확장하는 데 돈이 많이 들었다.

5 아이들은 어른이 되기 전에 준법을 미리 배워야 한다.

6 이사회는 만장일치로 내년에 10개의 매장들을 팔기로 결정했다.

7 지구 온난화는 다음 세기 기후 변화를 초래할 것이다.

DAY
11

to부정사와
동명사

Atlanta, USA

동사에 따라 뒤에 to부정사를 목적어로 갖기도 하고 동명사를 목적어로 갖기도
하기에, 정확한 to부정사와 동명사의 사용은 Writing과 Speaking에서
중요합니다. 또한 to부정사 또는 동명사는 다양한 관용적 표현과 연결이 되는데,
이러한 관용적 표현들을 많이 암기하고 활용하면, 시험에서 보다 자연스럽고
긴 문장을 만들어 Speaking과 Writing에서 보다 높은 점수를 획득할 수 있습니다.

본격적인 학습에 들어가기에 앞서 자신의 현재 실력을 확인해 보는 문제로, 부담 없이 풀어보세요.

다음 중 문법에 맞는 문장은?

1 나는 내 상사와 점심 먹는 것을 피하고 싶다.

(a) I want to avoid eating lunch with my boss.
(b) I want to avoid to eat lunch with my boss.

2 그녀는 토요일에 일하는 것을 꺼리지 않는다.

(a) She does not mind working on Saturday.
(b) She does not mind to work on Saturday.

3 나는 어떠한 망설임이나 두려움 없이 영어를 유창하게 말하고 싶다.

(a) I hope speaking English fluently without any hesitation or fear.
(b) I hope to speak English fluently without any hesitation or fear.

4 가난한 나라에서는 정부가 노동자들을 교육시킬 여력이 없다.

(a) In poor nations, governments cannot afford training their work force.
(b) In poor nations, governments cannot afford to train their work force.

5 나는 학교에서 피아노 치는 법을 배웠다.

(a) I learned playing the piano at school.
(b) I learned to play the piano at school.

 Answer

1 (a) 2 (a) 3 (b) 4 (b) 5 (b)

to부정사와 동명사

to부정사 또는 동명사를 목적어로 취하는 동사가 있어요. to부정사는 to+동사원형, 동명사는 동사의 원형에 ing를 붙인 형태입니다. 동사원형은 사전에 나오는 동사의 원래 형태인 거 알고 계시죠?

to부정사: to + 동사원형	동명사: 동사원형 +ing

어떤 동사냐에 따라서 뒤에 to부정사가 오는지 동명사가 오는지가 결정되는데요, 다음에 나오는 각각의 필수 동사 20개씩은 꼭 외우기로 해요.

① to부정사를 목적어로 취하는 필수 동사 20 (V = 동사원형)

1	afford to + V	~할 여유가 있다
2	agree to + V	~하는 것에 동의하다
3	appear to + V	~해 보이다
4	arrange to + V	~하는 것을 마련하다
5	claim to + V	~라고 주장하다
6	consent to + V	~하는 것에 동의하다
7	decide to + V	~하는 것을 결정하다
8	deserve to + V	~할 자격이 있다
9	fail to + V	~하는 것에 실패하다
10	hope to + V	~하는 것을 바라다
11	learn to + V	~하는 것을 배우다
12	manage to + V	~를 잘 해내다
13	offer to + V	~하는 것을 제공하다
14	plan to + V	~하는 것을 계획하다
15	pretend to + V	~하는 척 하다
16	promise to + V	~하는 것을 약속하다
17	refuse to + V	~하는 것을 거절하다
18	seem to + V	~해 보이다
19	tend to + V	~하는 경향이 있다
20	threaten to + V	~한다고 협박하다

② 동명사를 목적어로 취하는 필수 동사 20 (Ving = 동사 원형+ing = 동명사)

1	admit + Ving	~하는 것을 인정하다
2	avoid + Ving	~하는 것을 피하다
3	consider + Ving	~하는 것을 고려하다
4	deny + Ving	~하는 것을 부인하다
5	enjoy + Ving	~하는 것을 즐기다
6	finish + Ving	~하는 것을 끝내다
7	give up + Ving	~하는 것을 포기하다
8	go on + Ving	~를 계속하다
9	imagine + Ving	~하는 것을 상상하다
10	keep + Ving	~를 계속하다
11	keep on + Ving	~를 계속하다
12	mind + Ving	~하는 것을 꺼리다
13	miss + Ving	~하는 것이 그립다
14	postpone + Ving	~하는 것을 미루다
15	practice + Ving	~하는 것을 연습하다
16	put off + Ving	~하는 것을 미루다
17	quit + Ving	~하는 것을 그만두다
18	recommend + Ving	~하는 것을 추천하다
19	risk + Ving	~할 위험을 감수하다
20	suggest + Ving	~하는 것을 제안하다

to부정사와 동명사 둘 다 목적어로 취할 수 있는 동사들

앞에서는 to부정사 또는 동명사, 둘 중 하나만을 목적어로 취하는 동사에 대해 공부했는데요. 지금부터는 to부정사와 동명사를 모두 목적어로 취할 수 있는 동사에 대해 알아볼게요. to부정사를 취하느냐 동명사를 취하느냐에 따라 뜻이 달라지는 동사도 있고, 뜻이 달라지지 않는 동사도 있으니 반드시 구분해서 외워주세요. 추가적으로 동명사를 목적어로 취하는 관용적 표현까지 공부한다면, 앞으로 동사의 목적어를 사용하는데 있어 자신감이 붙을 거예요.

① to부정사와 동명사를 목적어로 취할 때 뜻이 달라지는 동사들

		to V	Ving
1	forget	~할 것을 잊다	~했던 것을 잊다
2	regret	~하게 되어 유감이다	~했던 것을 후회하다
3	remember	~할 것을 기억하다	~했던 것을 기억하다
4	stop	~하기 위해 멈추다	~하는 것을 멈추다, 그만두다
5	try	~하려고 노력하다	시험 삼아 ~을 해보다

`forget`

I forgot to send an email to you.
나 너한테 이메일 보내는 거 깜빡했어.

I forgot sending an email to you.
나 너한테 이메일 보냈던 거 깜빡했어.

`regret`

We regret to inform you that your application has not been successful.
우리는 당신의 지원이 성공적이지 못했음을 알려드리게 되어 유감입니다.

You will regret not studying hard.
너는 공부를 열심히 하지 않은 것을 후회할 거야.

remember

Remember to take your umbrella after the class.
수업 끝나고 우산 가져가는 거 기억해.

I still remember visiting London when I was 7.
나는 일곱 살 때 런던을 방문했던 것을 여전히 기억한다.

stop

Juli stopped to take a photo of her boyfriend.
줄리는 남자 친구의 사진을 찍기 위해 멈췄다.

Juli stopped taking photos after breaking up with her boyfriend.
줄리는 남자 친구와 헤어진 후 사진 찍는 것을 그만두었다.

try

Many teenagers admire entertainers and try to look like them.
많은 청소년들은 연예인들을 동경하고 그들처럼 보이려고 애쓴다.

I tried knocking on the door, but there was no answer.
나는 문을 두드려 봤는데 대답이 없었어.

② to부정사와 동명사를 목적어로 취해도 뜻이 같은 동사들

1	begin	시작하다
2	continue	계속하다
3	hate	싫어하다
4	intend	의도하다
5	like	좋아하다
6	love	사랑하다
7	prefer	~를 더 좋아하다
8	start	시작하다

begin

I should begin to change my daily routines.
= I should begin changing my daily routines.
나는 내 반복되는 일상을 바꾸기 시작해야 해.

continue

Some criminals continue to commit crimes.
= Some criminals continue committing crimes.
몇몇 범죄자들은 계속해서 범죄를 저지른다.

hate

Tommy hates to go abroad due to jet lag.
=Tommy hates going abroad due to jet lag.
토미는 시차증 때문에 해외에 가는 것을 싫어한다.

intend

I didn't intend to be an English teacher; I just drifted into it.
= I didn't intend being an English teacher; I just drifted into it.
나는 영어 선생님이 되려던 게 아니었다. 그냥 어쩌다 보니 그렇게 되었다.

like

I like to wear black and white colors.
= I like wearing black and white colors.
나는 검은색과 흰색을 즐겨 입는다.

love

I love to see the wonders of space through a telescope.
= I love seeing the wonders of space through a telescope.
나는 망원경을 통해 우주의 경이로움을 감상하는 것을 매우 좋아한다.

prefer

I prefer to travel by train because it is safe and punctual.
= I prefer traveling by train because it is safe and punctual.
나는 기차로 이동하는 것을 더 좋아하는데, 기차가 안전하고 제 시간에 도착하기 때문이다.

start

I have just started to fulfill my lifelong ambition to become a doctor.
= I have just started fulfilling my lifelong ambition to become a doctor.
나는 내 평생 소원인 의사가 되기 위한 노력을 막 시작했다.

③ 동명사를 목적어로 취하는 관용적 표현들

1	be busy Ving	~하느라 바쁘다
2	be fond of Ving	~을 좋아하다
3	be used to Ving	~에 익숙하다
4	cannot help Ving	~하지 않을 수 없다
5	feel like Ving	~하고 싶다
6	look forward to Ving	~을 고대하다
7	spend time Ving	~하는데 시간을 보내다

be busy Ving

I am busy packing my baggage.
나는 짐 싸느라 바쁘다.

be fond of Ving

I am fond of shopping and going to the movies.
나는 쇼핑과 영화보러 가는 것을 좋아한다.

be used to Ving

Jenny is not used to working on Saturday.
제니는 토요일에 일하는 것에 익숙하지 않다.

cannot help Ving

I can't help falling in love with you.
나는 너와 사랑에 빠지지 않을 수 없다.

feel like Ving

I feel like eating out tonight.
나 오늘 밤 외식하고 싶어.

look forward to Ving

I look forward to seeing you soon.
나는 너를 곧 만나기를 고대해.

spend time Ving

Modern people spend their leisure time using computers.
현대인들은 컴퓨터를 사용하면서 여가시간을 보낸다.

Exercise

한국어의 의미와 일치하는 올바른 문장을 고르세요.

1   매리는 남자 친구의 사진을 찍기 위해 멈췄다.

(a) Mary stopped to take a photo of her boyfriend.
(b) Mary stopped taking a photo of her boyfriend.

2   어떤 사람들은 전통적인 주택에서 사는 것을 더 좋아한다.

(a) Some people prefer to live in a traditional house.
(b) Some people prefer to living in a traditional house.

3   나는 나쁜 일보다는 행복한 일들만 기억하려고 노력한다.

(a) I try to remember only happy events rather than bad ones.
(b) I try remembering only happy events rather than bad ones.

4   의사들은 건강을 유지하기 위해 좀 더 많은 과일과 야채를 먹으라고 권장한다.

(a) Doctors recommend to eat more fruits and vegetables to keep fit.
(b) Doctors recommend eating more fruits and vegetables to keep fit.

5   영어는 대부분의 비영어권 사람들이 완벽하게 터득하기에는 매우 어려운 것 같다.

(a) English seems to be a very difficult language for most non-English speakers to master.
(b) English seems being a very difficult language for most non-English speakers to master.

6   나는 아버지의 차를 이용하기 위해 아버지의 허락을 받았다.

(a) I got my father's consent to use his car.
(b) I got my father's consent using his car.

7   여름에 나는 야외 오락 활동인 캠핑을 즐긴다.

(a) In summer, I enjoy to camp, which is an outdoor recreational activity.
(b) In summer, I enjoy camping, which is an outdoor recreational activity.

 Answer

1 (a) 2 (a) 3 (a) 4 (b) 5 (a) 6 (a) 7 (b)

능동태와

수동태

Vancouver, Canada

능동태 위주로 글을 쓰더라도 한두 문장 정도 수동태 문장을 써준다면,
TOEFL Writing 채점 요소의 하나인 문장의 다양성(Syntactic Variety)이나
IELTS Writing의 문법의 다양성(Grammatical Range)에서
좋은 점수를 받을 수 있습니다. 또한 같은 단어를 사용한 문장이라도 능동태인지,
수동태인지에 따라 의미가 완전히 달라지기에,
Reading 지문 해석 시에도 유의하세요.

본격적인 학습에 들어가기에 앞서 자신의 현재 실력을 확인해 보는 문제로, 부담 없이 풀어보세요.

다음 중 문법에 맞는 문장은?

1   나는 TV 보는 것이 지겨워졌다.

(a) I am tiring of watching TV.
(b) I am tired of watching TV.

2   토미는 다른 나라들을 여행하는 데 흥미가 있다.

(a) Tommy is interesting in travelling to other countries.
(b) Tommy is interested in travelling to other countries.

3   누군가 내 차의 창문을 깨뜨렸어.

(a) Someone broke the window of my car.
(b) Someone was broken the window of my car.

4   줄리는 물고기를 잡았다.

(a) Juli caught a fish.
(b) Juli was caught a fish.

5   이 기계는 학교에 설치되었어.

(a) The machine installed at school.
(b) The machine was installed at school.

 Answer

1 (b) 2 (b) 3 (a) 4 (a) 5 (b)

Grammar

능동태와 수동태

능동태와 수동태는 간단한 영문법인데 그 이름이 어려워서 좀 더 어렵게 느껴지는 거 같아요. 먼저 능동태는 '난 능동적으로 행동하는 사람이야.' 라는 말처럼 주어가 스스로 무언가를 '하는' 행위자에 중점을 둔 문장이에요. 그렇다면 수동태는 '너는 애가 왜이리 매사에 수동적이니?'라는 말처럼 스스로 하지 못하고 무언가에 의해서 '되어 있는' 상태에 중점을 둔 문장이죠. 예문을 보면 훨씬 더 이해가 쉬울 거예요.

I pay.	주어 + 동사	나는 돈을 내. (능동태)
I am paid.	주어 + be동사 + 완료형	나는 돈을 받아. (수동태)

위의 예문을 보면 능동이냐 수동이냐에 따라 의미가 완전 달라지죠. 능동이면 '동사'를, 수동이면 'be동사 + 완료형'을 써서 문장을 만드는 것을 꼭 기억해 주세요.

간혹 'be동사 + 동사'를 쓰는 분들이 있는데 be동사도 동사이고, 동사 다음에 바로 동사가 나올 수 없기 때문에 비문이 됩니다. 문법에 맞지 않는 문장이라는 뜻이죠. 하지만 동사의 완료형은 문장에서 형용사처럼 간주되기 때문에 'be동사 + 완료형'은 수동태를 만드는 올바른 형태입니다. 따라서 'I am pay.'라고 쓰지 않도록 주의해 주세요.

① 능동태 문장을 의미가 같은 수동태 문장으로 바꾸기

Juli repaired Tommy's car last night.
줄리는 어젯밤 토미의 차를 수리했다. (능동태: 줄리라는 행위자에 초점)

Tommy's car was repaired by Juli last night.
토미의 차는 어젯밤 줄리에 의해 수리되었다. (수동태: 토미의 차의 상태에 초점)

능동태의 문장을 의미가 같은 수동태로 만들 때는 먼저 능동태의 목적어를 수동태의 주어로 만들어 줍니다. 그리고 수동태의 동사는 be동사 + 능동태 동사의 완료형, 그 다음에는 전치사 + 능동태의 주어. 이 때 전치사는 '~에 의해'라는 뜻의 by가 주로 사용되지만 관용적 사용에 따라 다른 전치사가 오는 경우도 있어요. 마지막으로 전치사구는 능동태와 똑같이 작성합니다.

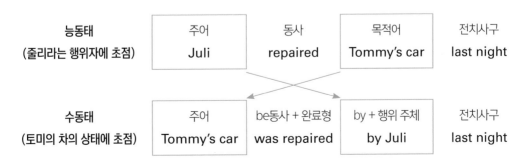

* 수동태 문장의 주어는 능동태 문장의 목적어이기 때문에 대부분의 수동태 문장에는 목적어가 없어요.

[수동태-능동태 예문 비교]

The cat chases the mouse.
고양이가 쥐를 쫓는다. (능동태: 고양이라는 행위자에 초점)

The mouse is chased by the cat.
쥐는 고양이에 의해 쫓긴다. (수동태: 쥐의 상태에 초점)

The woman counts the bills.
여자가 지폐를 센다. (능동태: 여자라는 행위자에 초점)

The bills are counted by the woman.
지폐가 여자에 의해 세어진다. (수동태: 지폐의 상태에 초점)

Someone stole the bag.
누군가 가방을 훔쳤다. (능동태: 누군가라는 행위자에 초점)

The bag was stolen by someone.
가방은 누군가에 의해 훔쳐졌다. (수동태: 가방의 상태에 초점)

② 수동태를 주로 사용하는 경우

능동태보다 수동태를 주로 사용하는 경우가 있는데요. 다음과 같은 경우는 수동태로 써야 좀 더 자연스러운 문장이 됩니다.

행위자 보다는 상태에 초첨을 둔 경우

Five thousand people will be hired by the company.
5천명의 사람들이 그 회사에 의해 고용될 것이다. (사람들이 고용되는 상태)

행위자가 누군지 모르거나 명확하지 않을 때

My mobile was stolen yesterday.
내 휴대전화가 어제 도난 당했어. (휴대전화를 훔친 사람이 누군지 모름)

행위자가 불특정 다수인 경우

Rice is grown in most Asian countries.
쌀이 대부분의 아시아 국가에서 재배된다. (쌀을 재배하는 사람들이 불특정 다수임)

수동태의 관용적 숙어

앞에서 배운 바와 같이 대부분의 수동태 문장에서는 'be 동사 + 완료형' 다음에는 '~에 의해'라는 뜻의 전치사 by를 쓰지만, by 대신 관용적으로 다른 전치사를 쓰는 숙어가 있어요. 평상시 또는 시험에 자주 나오는 표현 함께 공부할게요.

be composed of   ~로 구성되다

The USA is composed of 50 states.
미국은 50개의 주로 구성되어 있다.

be engaged in   ~에 참여하다, 관여하다

Not many pupils seem to be engaged in sporting activities.
스포츠 활동에 참여하는 학생들이 많은 것처럼 보이지 않는다.

be interested in   ~에 관심 있다

Ever since I was a child, I have been interested in Einstein's theory of relativity.
나는 어릴 적부터 아인슈타인의 상대성 이론에 관심이 있었다.

be involved in   ~에 개입되다

He may be involved in the crime.
그는 그 범죄에 개입되어 있을지도 모른다.

be known for   ~로 유명하다

The musician is known for her passion for music.
이 음악가는 음악에 대한 열정으로 유명하다.

be related to   ~와 관련되다

Some people believe that personal happiness is directly related to money.
어떤 사람들은 개인의 행복이 돈과 직접 관련된다고 믿는다.

be tired of   ~이 지겹다

I am so tired of tears.
나는 눈물이 너무 지겹다.

Exercise

주어진 동사를 문장에 맞게 써주세요.

1 Most children are _____ in playing computer games. (interest)

2 Children should be _____ to obey rules. (make)

3 University graduates should be _____ more money than less educated people. (pay)

4 Students should be _____ to cooperate with other people. (teach)

5 In subways, ventilation systems should be _____ to purify the air. (install)

6 Government subsidies will soon be _____ for rehabilitation projects. (offer)

7 Criminals should be _____ to prison. (send)

Answer

1 interested 2 made 3 paid 4 taught 5 installed 6 offered 7 sent

1 대부분의 아이들은 컴퓨터 게임을 하는 것에 관심이 있다.

2 아이들은 규칙에 따르도록 강요받아야 한다.

3 대학 졸업생들은 교육을 덜 받은 사람들보다 더 많은 돈을 받아야 한다.

4 학생들은 다른 사람들과 협동하는 것을 배워야 한다.

5 지하도에는 공기 정화를 위한 환기 시스템이 설치되어야 한다.

6 복구 사업을 위한 정부 보조금이 곧 지급될 것이다.

7 범죄자들은 감옥으로 보내져야 한다.

DAY
13

부정문과
의문문

Boston, USA

부정문과 의문문을 만드는 방법은 어렵지 않기에,
Speaking과 Writing 시험에서 반드시 틀리지 않도록 합니다.
또한 부정부사는 단어 하나로 문장 전체의 의미를 부정의 의미로 만들기에,
Reading 및 Listening 문장 해석 시 유의해야 합니다.

Quiz

본격적인 학습에 들어가기에 앞서 자신의 현재 실력을 확인해 보는 문제로,
부담 없이 풀어보세요.

다음 중 올바른 영어 문장은?

1   나는 돈이 없어.

(a) I have no money.
(b) I have not money.

2   아무도 여기에 살지 않아.

(a) Nobody live here.
(b) Nobody lives here.

3   너의 딸은 너와 함께 자니?

(a) Does your daughter sleep with you?
(b) Do your daughter sleep with you?

4   너는 즐거운 겨울 방학 보냈어?

(a) Did you have a good winter vacation?
(b) Do you had a good winter vacation?

5   아무도 안 왔었지? 왔었어?

(a) Nobody came, did it?
(b) Nobody came, did they?

1 (a) 2 (b) 3 (a) 4 (a) 5 (b)

부정문과 의문문

1 부정문

평서문(또는 긍정문)을 부정하는 부정문 만드는 방법에 대해서 공부해 볼게요.

I have time. 나는 시간이 있어.

이 평서문을 부정문(나는 시간이 없어)으로 만드는 방법에는 다음과 같이 두 가지가 있습니다.

명사 부정
명사 앞에 no를 붙여서 명사 부정
I have no time.

동사 부정
동사 앞에 조동사(do/does) + not을 붙여서 동사 부정
I do not have time.

이 때, 동사를 부정하면서도 any를 명사 앞에 붙여 더욱 부정의 의미를 강조할 수 있습니다. any 대신에 no를 쓰지 않는 걸 주의해 주세요!

I do not have any time.

위의 세 문장들은 모두 '나는 시간이 없어.'라는 부정문이지만, 점점 더 부정의 뜻이 강해져요.

동사 부정의 경우 be동사, 조동사, 일반동사인지에 따라, 부정문을 만드는 방법에 조금씩 차이가 있습니다.

① be동사가 있는 부정문
be동사가 있는 평서문은 be동사 다음에 not을 붙여서 부정문을 만듭니다.

be동사 + not
She is a teacher. 그녀는 선생님이다.
→ **She is not a teacher.** 그녀는 선생님이 아니다.

He is a student. 그는 학생이다.
→ **He is not a student.** 그는 학생이 아니다.

② 조동사가 있는 부정문

will, would, can, could, may, might, must, should 등의 조동사가 있는 평서문은 조동사 뒤에 not을 붙여 부정문을 만듭니다.

조동사 + not

Juli will come back tomorrow. 줄리는 내일 돌아올 거야.
→ Juli will not come back tomorrow. 줄리는 내일 돌아오지 않을 거야.
→ Juli won't come back tomorrow.
　　(will not을 줄이면 won't가 됩니다.)

Tom can swim. 톰은 수영을 할 수 있어.
→ Tom cannot swim. 톰은 수영을 할 수 없어.
→ Tom can't swim.
　　(cannot은 can not으로도 쓸 수 있고, 줄이면 can't가 됩니다.)

③ 일반동사가 있는 부정문

일반동사가 있는 평서문은 과거와 현재일 때 두 가지로 나눠서 부정문을 만들 수 있습니다.

과거 시제: 조동사 (did) + not + 동사원형

과거 시제인 경우에는 주어와 상관없이 모두 did를 쓰고 그 다음에 not을 붙인 뒤 일반동사의 원형을 씁니다.

She went to school. 그녀는 학교에 갔었다.
→ She did not go to school. 그녀는 학교에 가지 않았었다.

They played baseball. 그들은 야구를 했었다.
→ They did not play baseball. 그들은 야구를 하지 않았었다.

현재 시제: 조동사(do/does) + not + 동사원형

현재 시제인 경우에는 주어에 맞춰 조동사 do 또는 does를 쓰고 그 다음에 not을 붙인 뒤 일반동사의 원형을 씁니다.
do와 does가 헷갈리는 학습자는 <Day 9. 주어에 맞는 동사 고르기>를 복습하세요!

She goes to school. 그녀는 학교에 간다.
→ She does not go to school. 그녀는 학교에 가지 않는다.

They play baseball. 그들은 야구를 한다.
→ They do not play baseball. 그들은 야구를 하지 않는다.

④ 완료형이 있는 부정문

현재완료나 과거완료가 있는 평서문은 완료를 나타내는 have나 had 다음에 not을 붙여서 부정문을 만듭니다. not 대신 never를 써서 의미를 강조할 수도 있어요.

과거완료: 조동사 [had] + not/never + pp[완료형]

과거완료인 경우에는 주어와 상관없이 모두 had를 쓰고 그 다음에 not을 붙인 뒤 원래 있던 완료형 동사를 씁니다. (과거완료: 과거의 a시점에서 시작해서 과거의 b시점에서 완료)

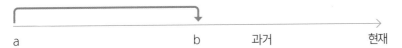

They had worked here before. 그들은 예전에 여기에서 일을 했었어.
→ They had not worked here before. 그들은 예전에 여기에서 일을 했었던 적이 없어.
→ They had never worked here before. 그들은 예전에 결코 여기에서 일을 했었던 적이 없어.

현재완료: 조동사 [have/has] + not/never + pp[완료형]

현재완료인 경우에는 주어에 맞춰 조동사 have 또는 has를 쓰고 그 다음에 not을 붙인 뒤 원래 있던 완료형 동사를 씁니다. (현재완료: 과거의 a시점에서 시작해서 현재까지 이어짐)

He has been to Japan before. 그는 예전에 일본에 간 적이 있어.
→ He has not been to Japan before. 그는 예전에 일본에 간 적이 없어.
→ He has never been to Japan before. 그는 예전에 결코 일본에 간 적이 없어.

2 의문문

의문문은 물어보는 문장이고 문장의 맨 마지막은 마침표 대신 물음표로 끝납니다.

① be동사가 있는 의문문

be동사가 있는 평서문은 be동사를 문장 맨 앞으로 보내서 의문문을 만듭니다.

be동사 + 주어

She is a teacher. 그녀는 선생님이다.
→ Is she a teacher? 그녀는 선생님이야?

He is a student. 그는 학생이다.
→ Is he a student? 그는 학생이야?

② 조동사가 있는 의문문

will, would, can, could, may, might, must, should 등의 조동사가 있는 평서문은 조동사를 문장 맨 앞으로 보내서 의문문을 만듭니다.

> ### 조동사 + 주어

Juli will come back tomorrow. 줄리는 내일 돌아올 거야.
→ Will Juli come back tomorrow? 줄리는 내일 돌아와?

Tom can swim. 톰은 수영을 할 수 있어.
→ Can Tom swim? 톰은 수영을 할 수 있어?

③ 일반동사가 있는 의문문

일반동사가 있는 평서문도 과거와 현재일 때 두 가지로 나눠서 의문문을 만들 수 있습니다.

> ### 과거 시제: 조동사 (did) + 주어 + 동사원형

과거 시제인 경우에는 주어와 상관없이 모두 did를 문장의 맨 앞으로 보낸 뒤 주어와 일반동사의 원형을 써서 의문문을 만듭니다.

She went to school. 그녀는 학교에 갔었다.
→ Did she go to school? 그녀는 학교에 갔었어?

They played baseball. 그들은 야구를 했었다.
→ Did they play baseball? 그들은 야구를 했었어?

> ### 현재 시제: 조동사(do/does) + 주어 + 동사원형

현재 시제인 경우에는 주어에 맞춰 조동사 do 또는 does를 문장의 맨 앞으로 보낸 뒤 주어와 일반동사의 원형을 써서 의문문을 만듭니다.

She goes to school. 그녀는 학교에 간다.
→ Does she go to school? 그녀는 학교에 가?

They play baseball. 그들은 야구를 한다.
→ Do they play baseball? 그들은 야구를 해?

④ 완료형이 있는 의문문

완료형의 평서문도 과거완료와 현재완료일 때 두 가지로 나눠서 의문문을 만들 수 있습니다.

과거완료: 조동사 (had) + 주어+ pp(완료형)

과거완료인 경우에는 주어와 상관없이 모두 Had를 문장의 맨 앞으로 보낸 뒤 주어와 원래 있던 완료형 동사를 써서 의문문을 만듭니다. (과거완료: 과거의 a시점에서 시작해서 과거의 b시점에서 완료)

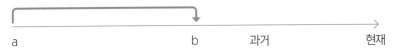

They had worked here before. 그들이 예전에 여기에서 일을 했었어.
→ Had they worked here before? 그들이 예전에 여기에서 일을 했었던 적 있어?

현재완료: 조동사 (have/has) + 주어+ pp(완료형)

현재완료인 경우에는 주어에 맞춰 조동사 have 또는 has를 문장의 맨 앞으로 보낸 뒤 주어와 원래 있던 완료형 동사를 써서 의문문을 만듭니다. (현재완료: 과거의 a시점에서 시작해서 현재까지 이어짐)

He has been to Japan before. 그가 예전에 일본에 간 적 있어.
→ Has he been to Japan before? 그가 예전에 일본에 간 적 있어?

부정부사와 의문사

① 부정부사

부정문을 만드는 가장 기본적인 방법은 평서문에 동사를 부정하는 not 또는 명사를 부정하는 no를 쓰는 건데요. 부정부사를 써서 문장 전체를 부정하는 방법도 있어요. 영어는 똑같이 반복하는 것을 싫어하니까 부정부사 표현도 공부해서 부정문을 다양하게 구사하면 영어 고수처럼 보일 수 있어요.

부정부사 종류	seldom, rarely, hardly
뜻	거의 ~아니다
문장에서의 위치	be동사/조동사 뒤, 일반동사 앞

부정부사는 seldom, rarely, hardly가 대표적이고 '거의 ~아니다'라고 해석해요. 부정부사는 특히 이 부사가 놓이는 위치가 중요한데, be동사와 조동사의 뒤, 일반동사 앞인 것도 꼭 기억해 주세요.

Jenny is seldom late for school.
제니는 학교에 늦는 일이 거의 없다.

People rarely attended the party.
사람들은 그 파티에 거의 참석하지 않았다.

I can hardly recall people's names.
나는 사람들의 이름을 거의 기억할 수 없다.

no one / nothing / none

부정부사 외에도 no one / nothing / none을 써서 부정문을 만들 수 있어요.

No one knows what will happen in the future.
미래에 무슨 일이 일어날지 아무도 모른다.

She said nothing about it.
그녀는 그것에 대해 아무것도 말하지 않았다.

None of them speaks Chinese.
그들 중 누구도 중국어를 구사하지 못한다.

② 의문사가 있는 의문문

앞에서는 평서문을 의문문으로 만드는 방법을 공부했는데요. 이번에는 의문사를 써서 의문문을 만드는 방법을 공부해 볼게요. 의문사는 5W1H라고 해서 who, when, where, what, why, how가 대표적이지만 그 외에도 whom, whose, which가 있고요. 의문문일 때 의문사는 문장의 맨 앞에 옵니다.

who	누가
when	언제
where	어디서
what	무엇을
why	왜
how	어떻게
who(m) *	누구를
whose	누구의/누구의 것
which	어느/어느 것

* whom은 who의 목적격으로, 요즘은 m을 생략하고 who라고 많이 써요.

Who is the boy? 그 소년은 누구야?

When is your birthday? 네 생일은 언제야?

Where are you going now? 너 지금 어디가?

What is your name? 네 이름이 뭐야?

Why do you want to be a teacher? 너는 왜 선생님이 되고 싶어?

How do you know? 너는 어떻게 알아?

Who(m) do you meet today? 너 오늘 누구를 만나?

Whose mobile is this? 이건 누구 휴대전화야?

Which flower do you like most? 너는 어떤 꽃을 가장 좋아해?

Exercise

다음 중 올바른 영어 문장은?

1　나는 그녀를 거의 볼 수 없었다.

   (a) I could hardly see her.
   (b) I hardly could see her.

2　점심 먹었어?

   (a) Have you ate lunch?
   (b) Have you eaten lunch?

3　그 아이들 중 누구도 사과를 좋아하지 않는다.

   (a) None the children likes apples.
   (b) None of the children likes apples.

4　그는 컴퓨터 게임을 거의 하지 않는다.

   (a) He hardly play computer games.
   (b) He hardly plays computer games.

5　톰은 샐리와 데이트할 시간이 거의 없다.

   (a) Tom rarely has time to have a date with Sally.
   (b) Tom has rarely time to have a date with Sally.

6　나는 어떤 돈도 없어.

   (a) I do not have any money.
   (b) I do not have some money.

7　나는 예전에 결코 영국에 간 적이 없어.

   (a) I have been never to England before.
   (b) I have never been to England before.

 Answer

1 (a)　2 (b)　3 (b)　4 (b)　5 (a)　6 (a)　7 (b)

비교급과
최상급

San Francisco, USA

비교급과 최상급 표현은 Speaking과 Writing 시험에서
응시생이 자주 사용해야 하는 표현으로 반드시 숙지해야 합니다.
또한 TOEFL Reading의 Factual Information 또는
Negative Factual Information 문제 유형이나
IELTS Reading의 True/False/Not Given 또는 Yes/No/Not Given
문제 유형에서 출제 포인트가 되기도 합니다.

본격적인 학습에 들어가기에 앞서 자신의 현재 실력을 확인해 보는 문제로,
부담 없이 풀어보세요.

다음 중 올바른 영어 문장은?

1   제니는 나보다 더 빨라.

   (a) Jenny is more faster than me.
   (b) Jenny is faster than me.

2   이 소녀는 이 반에서 키가 가장 작다.

   (a) This girl is smallest in the class.
   (b) This girl is the smallest in the class.

3   나는 좀 더 큰 방을 갖고 싶다.

   (a) I would like to have a more big room.
   (b) I would like to have a bigger room.

4   톰은 나의 장남이다.

   (a) Tom is my eldest son.
   (b) Tom is the my eldest son.

5   나는 너보다 훨씬 빨리 달릴 수 있어.

   (a) I can run fastest than you.
   (b) I can run much faster than you.

 Answer

1 (b) 2 (b) 3 (b) 4 (a) 5 (b)

Grammar

비교급과 최상급

영어 공부 좀 했다 하는 분들도 특히 스피킹처럼 순발력을 요할 때 실수를 많이 하는 비교급과 최상급에 대해서 공부해 볼게요. 우선 형용사와 부사만 비교급과 최상급을 가지고 있어요. 원급은 형용사와 부사의 원래 형태이고, 비교급은 '더 ~한', '더 ~하게', 최상급은 '가장 ~한', '가장 ~하게'의 뜻이에요.

1음절인 경우에는 비교급은 원급+er, 최상급은 원급+est. 2음절 이상인 경우에는 비교급은 more + 원급, 최상급은 most + 원급으로 변화하는데, 예외도 물론 있어요. 여기서 음절이란 앞에서 배운 영어의 모음 발음(a, i, u, e, o)이 한 단어에 몇 개가 들어갔는지를 의미하고 스펠링에서 모음 개수가 아닌, 발음에서의 모음 개수인 것을 주의해 주세요. 예를 들어 형용사 short는 모음이 1개 들어간 1음절이고 short – shorter – shortest, 부사 quickly는 모음이 2개 들어간 2음절이고 quickly – more quickly – most quickly로 변화합니다.

비교급과 최상급도 규칙 변화와 불규칙 변화가 있어요.

1 규칙 변화

① 가장 일반적인 경우

비교급: 원급 + er

최상급: 원급 + est

원급	비교급	최상급
high	higher	highest
fast	faster	fastest
tall	taller	tallest

I am faster than you.
나는 너보다 빨라.

Tommy is the tallest student in my classroom.
토미는 우리 반에서 가장 키가 큰 학생이다.

단어가 -e로 끝날 땐 원급 + -r / -st

원급	비교급	최상급
large	larger	largest

This house is larger than our last one.
이 집은 우리의 지난 것 보다 더 크다.

That is the largest cow on this farm.
저것은 이 농장에서 가장 큰 암소이다.

② [자음+y]로 끝나는 경우

자음 다음에 y로 끝나는 단어는 y를 i로 바꾸고 -er/-est 를 붙입니다.

원급	비교급	최상급
costly	costlier	costliest
early	earlier	earliest
easy	easier	easiest
lovely	lovelier	loveliest

Studying English is easier than studying Chinese to me.
나에겐 영어를 공부하는 게 중국어보다 더 쉽다.

My daughter is the loveliest girl in the world.
내 딸은 세상에서 가장 사랑스러운 소녀야.

③ [모음] + [자음]인 경우

모음 다음에 자음으로 끝나는 경우에는 자음을 하나 더 붙이고 -er/-est 를 붙인다.

원급	비교급	최상급
big	bigger	biggest
thin	thinner	thinnest
hot	hotter	hottest
wet	wetter	wettest

You look thinner than before.
너 전보다 말라 보여.

Summer is the hottest season.
여름은 가장 더운 계절이다.

④ -able, -ous, -ful, -ive 등으로 끝나는 대부분의 2음절 이상의 단어인 경우
형용사와 부사의 원급은 유지하되 단어 앞에 more/most를 붙입니다.

원급	비교급	최상급
possible	more possible	most possible
famous	more famous	most famous
beautiful	more beautiful	most beautiful
active	more active	most active

You will be more famous in the near future.
너는 가까운 미래에 더 유명해질 거야.

Jenny is the most beautiful lady in the world.
제니는 이 세상에서 가장 아름다운 여인이다.

⑤ 형용사 + ly = 부사인 경우
형용사 뒤에 ly를 붙여서 부사가 된 경우에도 원급은 유지하되 단어 앞에 more/most를 붙입니다.

원급	비교급	최상급
slowly	more slowly	most slowly
safely	more safely	most safely
quickly	more quickly	most quickly
wisely	more wisely	most wisely

If you speak more slowly, that would be great.
네가 만약 좀 더 천천히 말한다면, 정말 좋을 거 같아.

Dry skin may be most safely treated with mineral oil.
건조한 피부는 미네랄 오일로 가장 안전하게 치료될지도 모른다.

2 불규칙 변화

① 완전히 다른 형태로 변하는 경우

비교급과 최상급이 원급과 완전히 다르게 변하는 경우가 있습니다.

원급	비교급	최상급
good / well	better	best
bad / ill	worse	worst
many / much	more	most
little	less	least

It is better for children to have a mobile phone to contact their parents.
부모들에게 연락하기 위해서 아이들은 휴대전화를 소지하는 것이 더 낫다.

My friends have a lot of homework, but I have the most.
내 친구들은 숙제가 많지만, 내가 가장 많다.

② 원급은 하나인데 비교급과 최상급은 2개인 경우

원급	비교급	최상급
far	farther (거리가 더 먼)	farthest (거리가 가장 먼)
	further (정도가 더한)	furthest (정도가 가장 심한)
old	older (나이가 더 많은)	oldest (나이가 가장 많은)
	elder (손위의)	eldest (가장 손위인)
late	later (시간이 더 늦은)	latest (시간이 가장 최신인)
	latter (순서가 더 나중인, 후자의)	last (순서가 가장 나중인)

Some countries will face further isolation if they go ahead with nuclear tests.
몇몇 국가들은 핵실험을 계속 진행한다면 더한 고립에 직면할 것이다.

Jenny is my eldest daughter.
제니는 내 장녀이다.

3 the + 최상급

위에서 공부한 최상급 예문을 보면서 최상급 앞에 the가 있는 경우도, the가 없는 경우도 있다는 걸 눈치챈 분들 있을까요? 기본적인 원칙은 the+최상급이지만, 다음의 경우처럼 최상급 앞에 the를 쓰지 않는 경우도 있다는 걸 확인해 주세요. (영어는 늘 예외가 있기 때문에, 공부가 끝이 없는 거 같아요.)

① the가 소유격으로 대체된 경우

소유격이란 my, your, her, his, their, its 와 Tom's, Jenny's 등과 같이 사람 이름 다음에 아포스트로피[']와 s를 붙인 '토미의', '제니의'를 의미합니다. the와 소유격은 서로 대체할 수 있기 때문에 함께 붙여서 쓸 수 없고 둘 중 하나만 써야 해요.

Travelling to other countries is my greatest **pleasure.**
다른 나라를 여행하는 것은 나의 가장 큰 기쁨이다.

Tommy's biggest plan this year is studying abroad.
토미의 올해 가장 큰 계획은 유학을 가는 것이다.

② 부사의 최상급인 경우

부사의 최상급 앞에는 the가 붙지 않아요.

I can swim fastest **in my class.**
나는 우리 반에서 가장 빠르게 수영할 수 있어.

A train runs most safely **and turns up on time.**
기차는 가장 안전하게 달리고 정각에 도착한다.

최상급 뒤에 명사를 생략한 경우

보통 최상급 앞에 있는 the는 형용사의 최상급이 수식하는 명사때문에 필요한데요, 이러한 명사가 생략되어도 문맥상 최상급이 무엇인가를 수식하는 것임을 알 수 있기에, the를 써줘야 됩니다.

This boy is the tallest boy **in the class.**
=This boy is the tallest **in the class.**
이 소년은 반에서 가장 키가 크다.

The song is the hottest song **nowadays.**
=The song is the hottest **nowadays.**
그 노래는 요즘 가장 인기가 있다.

4 비교급과 최상급 강조 부사

비교급과 최상급을 강조해주는 부사들이 있어요. 다음에 나오는 강조하는 단어들은 본래 가지고 있던 뜻으로 해석하려고 하면 상당히 어색합니다. 비교급 앞의 강조 부사들은 '훨씬', 최상급 앞의 강조 부사들은 '최고로'라고 해석해 주세요.

① 비교급 강조 부사

even, much, still, far, a lot: 훨씬

You are even taller **than Juli.**
너는 줄리보다 훨씬 키가 커.

Your car is much more expensive **than mine.**
네 차는 내 차보다 훨씬 더 비싸.

② 최상급 강조 부사

the very, by far the: 최고로

This is the very best **mobile.**
이것은 최고로 가장 좋은 휴대전화이다.

Tom is by far the most talented **player on my team.**
톰은 우리 팀에서 최고로 재능 있는 선수다.

비교급과 최상급을 이용한 다양한 표현들

비교급과 최상급을 이용한 다양한 표현들을 공부해 볼게요.

① 비교급에 배수를 쓸 경우

비교급에 배수를 쓸 경우 순서를 주의해 주세요.

> 주어 + 동사 + 배수 + 비교급 + than + (대)명사

The blue bag is two times heavier than the yellow one.
파란색 가방은 노란색 가방보다 두 배 무겁다.

② 비교급이 최상급의 의미를 나타내는 경우

비교급처럼 보이지만 의미는 최상급인 경우가 있습니다.

It couldn't be better.
더 좋을 수 없다.

Juli is smarter than any other student in the class.
줄리는 교실에서 어떤 학생보다 더 똑똑하다.

③ ~할수록 더욱 ~ 하다

비교급을 이용한 자주 사용하는 문장 중의 하나가 '~할 수록 더욱 ~ 하다'인데요. 어순에 주의해 주세요.

> The 비교급 + 주어 + 동사, the 비교급 + 주어 + 동사

The more you give, the more you get back.
네가 더 많이 줄수록, 너는 더 많이 돌려받아.

경우에 따라, 주어와 동사가 생략되거나 동사만 생략되어 사용되기도 합니다.

The sooner, the better.
빠를수록 더욱 좋다.

Exercise

다음 중 올바른 영어 문장은?

1   이자가 더 낮을수록, 빌리는 사람은 더 많아진다.

(a) The lower the rates, the more the borrowers.
(b) The low the rates, the more the borrowers.

2   이 새 휴대전화는 예전 것보다 두 배 더 비싸다.

(a) This new mobile is two times more expensive than the previous one.
(b) This new mobile is more two times expensive than the previous one.

3   오늘은 이번 달 중 가장 덥다.

(a) Today is hottest this month.
(b) Today is the hottest this month.

4   토요일마다 친구들을 만나는 것은 힘든 한 주를 보낸 후 긴장을 풀면서 휴식을 취하는 나의 가장 큰 기쁨이다.

(a) Meeting friends on Saturdays is the my biggest pleasure to wind down after a
    hard week.
(b) Meeting friends on Saturdays is my biggest pleasure to wind down after a
    hard week.

5   영어를 공부하는 것이 과학보다 나에게는 훨씬 더 쉽다.

(a) Studying English is much easyer than studying science to me.
(b) Studying English is a lot easier than studying science to me.

6   운동하는 것은 너를 더욱 활동적으로 만들어준다.

(a) Exercising makes you more active.
(b) Exercising makes you more activer.

7   그녀의 집은 호텔보다 훨씬 더 편안하다.

(a) Her house is much more comfortable than a hotel.
(b) Her house is the very more comfortable than a hotel.

 Answer

1 (a) 2 (a) 3 (b) 4 (b) 5 (b) 6 (a) 7 (a)

DAY

15

시간과 장소를 나타내는 전치사 at, on, in

Seattle, USA

시간과 장소를 나타내는 전치사 at, on, in만 공부해도
Speaking과 Writing 시험에서 전치사 사용에 대한 두려움이 사라집니다.

본격적인 학습에 들어가기에 앞서 자신의 현재 실력을 확인해 보는 문제로,
부담 없이 풀어보세요.

다음 중 올바른 영어 문장은?

1 나는 오후 2시에 미팅이 있어.

 (a) I have a meeting at 2 P.M.
 (b) I have a meeting in 2 P.M.

2 우리 마을에는 3월에 종종 눈이 와.

 (a) In my town, it often snows in March.
 (b) In my town, it often snows on March.

3 그들은 작은 방에서 일한다.

 (a) They work in a small room.
 (b) They work at a small room.

4 너 사무실에 언제 도착해?

 (a) When will you arrive at the office?
 (b) When will you arrive in the office?

5 그 서점은 자정에 문을 닫는다.

 (a) The bookstore closes at midnight.
 (b) The bookstore closes in midnight.

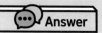 Answer

1 (a) 2 (a) 3 (a) 4 (a) 5 (a)

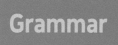

시간을 나타내는 전치사 at, on, in

전치사 at/on/in은 시간과 장소를 나타낼 때 자주 사용하는 전치사인데요. 먼저 시간을 나타낼 때 이 전치사들이 어떻게 사용되는지 공부할게요. 먼저 가장 짧은 시간은 at을, on은 at보다는 길고 in보다는 짧은 시간을, in은 가장 긴 시간을 표현할 때 사용합니다. on은 보통 하루를 나타내는 시간 앞에 쓰니까 at은 하루보다 짧고, in은 하루보다 긴 시간이라고 생각하면 쉬워요.

하지만 언어라는 건 딱 떨어지는 수학 공식이 아니고, 늘 변화하기 때문에 "약간의 예외는 있다"라는 사실을 염두에 두세요.

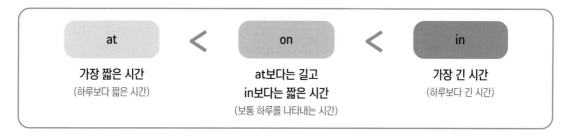

at 시간, 순간, 찰나, 정확한 시간 하루보다 짧은 시간	on 요일, 날짜, 기념일 하루	in 월, 년도, 세기, 오랜 시간 하루보다 긴 시간
at 4 o'clock	on Saturday	in February
at 1:30 P.M.	on August 24th	in summer
at noon	on my birthday	in the first quarter
at the moment	on Valentine's Day	in 2018
at that time	on New Year's Day	in the 1990s
at sunrise	on the first day	in the next century
at sunset	on the last day	in the past *
at present *	on a holiday	in the future *
* 과거와 미래는 in the past/in the future 이지만, 현재는 지금 이 순간, 찰나이기 때문에 at present라고 합니다.	on Tuesday morning	in the morning
	on Sunday afternoon	in the afternoon
	on Monday evening	in the evening

① at: 시간, 순간, 찰나, 정확한 시간, 하루보다 짧은 시간

You will see Tom at dinner.
너는 저녁식사 때 톰을 보게 될 거야.

I used to read books with my mom at bedtime.
나는 잠자리에 들 때 엄마와 책을 읽곤 했다.

The rooster crows every morning at sunrise.
매일 아침 동틀 녘에 수탉이 운다.

② on: 요일, 날짜, 기념일, 하루

I am going to see a movie with Juli on Wednesday.
나는 수요일에 줄리와 영화 보러 갈 거야.

I usually wind down with my friends on weekends.
난 주로 주말에 친구들과 긴장을 풀고 쉬어.

I go to the gym on Mondays.
나는 월요일마다 운동하러 가.

③ in: 월, 년도, 세기, 오랜 시간, 하루보다 긴 시간

My birthday is in August.
내 생일은 8월이야.

In spring, most flowers bloom.
봄에는 대부분의 꽃이 펴.

The Beatles was the most popular group in the early 1960s.
비틀즈는 1960대 초에 가장 인기 있는 그룹이었어.

❗ last, next, every, this 앞에는 at, on, in의 전치사를 쓰지 않음에 주의

I went to London last December. (NOT in last December)
나는 지난 12월에 런던에 갔다.

Jenny is coming back next Thursday. (NOT on next Thursday)
제니는 다음주 목요일에 돌아온다.

Juli goes home every Christmas. (NOT on every Christmas)
줄리는 매년 크리스마스에 집에 간다.

I will call you back this evening. (NOT in this evening)
내가 오늘 밤에 다시 전화할게.

장소를 나타내는 전치사 at, on, in

이번에는 장소를 나타낼 때 사용하는 전치사 at/on/in을 공부할게요. 먼저 좁은 장소는 at, on은 어떤 표면 위를 말하고, in은 넓은 장소 또는 어떤 공간의 안(inside)이라는 개념을 머릿속에 넣어두고 시작할게요.

① at: 지점, 주소, 좁은 공간

Juli is waiting for Alex at the bus stop.
줄리는 알렉스를 버스 정류장에서 기다리고 있어.

The post office is at the end of the street.
그 우체국은 길 끝에 있어.

The bus stopped at the traffic light.
그 버스는 신호등에서 멈췄어.

② on: 표면, 거리 등의 위에

There are a lot of pens on the desk.
책상에 펜이 많이 있다

There is a hair on your shoulder.
네 어깨 위에 머리카락이 한 올 있어.

Alex, you are standing on my foot.
알렉스, 너 내 발 밟고 있어.

③ in: 넓은 장소, 둘러 쌓인 공간 안에

Tommy is in the kitchen.
토미는 주방에 있어.

Do you live in England?
너 영국에 살아?

There are a few coins in my pocket.
내 주머니에 동전이 몇 개 있어.

Exercise

Day 15 | Exercise

다음 빈칸에 at, on, in 중에서 적절한 전치사를 넣으세요.

1　피터는 점심시간에 집에 갔다.

　　Peter went home _____ lunchtime.

2　그 벽에는 금연이라는 표지가 있었다.

　　There was a "no smoking" sign _____ the wall.

3　너는 우리가 미래에 화성에 갈 거라고 생각하니?

　　Do you think we will go to Mars _____ the future?

4　다음 세기에는 엄청난 진보가 있을 것이다.

　　There should be a lot of progress _____ the next century.

5　너는 토요일마다 일하니?

　　Do you work _____ Saturdays?

6　내 생일은 8월 24일이다.

　　My birthday is _____ the 24th of August.

7　나는 수요일 오후 3시에 톰을 봤다.

　　I saw Tom _____ Wednesday _____ 3 _____ the afternoon.

 Answer

1 at　2 on　3 in　4 in　5 on　6 on　7 on, at, in

130　Grammar Basic

DAY

16

a number of와
the number of의
차이

Calgary, Canada

a number of와 the number of는
시험 문제나 지문에 자주 등장하는 익숙한 표현이지만,
막상 수험생 여러분이 직접 Writing이나 Speaking에서 사용할 때 헷갈립니다.
따라서 이번 기회에 이 둘의 차이를 확실히 공부해 보세요.

Quiz

본격적인 학습에 들어가기에 앞서 자신의 현재 실력을 확인해 보는 문제로, 부담 없이 풀어보세요.

다음 중 올바른 영어 문장은?

1 많은 유럽 사람들은 적어도 두 개의 언어를 구사한다.

(a) A number of European people can speak at least two languages.
(b) The number of European people can speak at least two languages.

2 나는 영어를 공부하는 데 많은 시간을 써왔다.

(a) I have spent a number of time on studying English.
(b) I have spent an amount of time on studying English.

3 우리가 매일 마셔야 하는 물의 양이 2리터이다.

(a) The amount of water we need to drink every day are 2 liters.
(b) The amount of water we need to drink every day is 2 liters.

4 사람들의 수가 셀 수 없을 정도였다.

(a) The number of guests was beyond measure.
(b) The number of guests were beyond measure.

5 아침을 거르는 사람들의 수가 증가하고 있다.

(a) The number of people skipping breakfast is increasing.
(b) A number of people skipping breakfast are increasing.

 Answer

1 (a) 2 (b) 3 (b) 4 (a) 5 (a)

a number of와 the number of의 차이

a를 쓸 때와 the를 쓸 때 뜻이 달라지는 표현이 있는데요. 신문 기사나 저널에서 자주 사용되는 표현인 a number of와 the number of의 차이를 공부해 볼게요.

① a number of [많은 = many]

> a number of + 복수명사 + 복수동사

A number of pupils were late for class.
많은 학생들이 수업에 늦었어.

A number of children are missing.
많은 아이들이 실종되고 있어.

먼저 a number of는 '많은'이라는 뜻이에요. number는 '수'라는 뜻으로 셀 수 있는 명사와 함께 사용하기 때문에 a number of는 many와 동의어랍니다. 따라서 a number of 다음에는 셀 수 있는 명사의 복수형이 와요. 그리고 동사는 당연히 복수명사와 어울리는 형태가 오죠. 그럼 '많은 사람들이 실직한 상태이다.'를 영작해 볼게요.

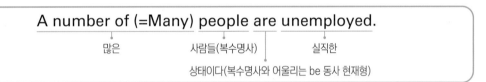

A number of (=Many) people are unemployed.
많은 / 사람들(복수명사) / 실직한
상태이다(복수명사와 어울리는 be 동사 현재형)

② the number of [~의 수]

> the number of + 복수명사 + 단수동사

The number of pupils who were late for class is five.
수업에 늦은 학생들의 수는 5명이야.

The number of missing children is increasing.
실종된 아이들의 수가 증가하고 있어.

a는 부정관사로 어떤 특정한 것을 지칭하지 않죠. 그냥 a는 '아무거나'라고 생각하시면 돼요. 하지만 the는 정관사로 어떤 특정한, 구체적인 것을 지칭하거나 한정하는 '묶음'이라고 생각하면 이해하기 좀 더 쉬워요.

따라서 the number of는 '수', of 다음에 나오는 복수명사를 하나로 묶어서 말하는 거예요. 하나의 묶음으로 보기 때문에 이 경우에는 복수가 아니라 단수로 취급한다는 게 가장 주의할 점이에요! 그럼 the number of를 사용해서 위 예문과 뜻이 비슷한 '실직한 사람들의 수는 백만이다.'를 영작해 볼게요.

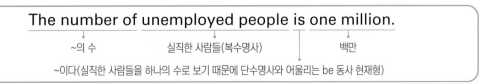

The number of unemployed people is one million.
~의 수 / 실직한 사람들(복수명사) / 백만
~이다(실직한 사람들을 하나의 수로 보기 때문에 단수명사와 어울리는 be 동사 현재형)

an amount of와 the amount of의 차이

a number of와 the number of의 차이와 함께 공부해야 할 an amount of와 the amount of의 차이에 대해 알아볼게요.
a number of가 people, desks, cups와 같이 셀 수는 있는 명사가 '많은'이라는 뜻의 'many'와 같다면 an amount of는
water, air, love와 같이 셀 수 없는 명사가 '많은'이라는 뜻으로 'much'와 같아요.

number: 수, 셀 수 있는 명사와 함께 사용

amount: 양, 셀 수 없는 명사와 함께 사용

① an amount of (많은 = much)

an amount of + 셀 수 없는 명사 + 단수동사

An amount of water is contaminated.
많은 물이 오염되었다.

An amount of money is spent on helping the poor.
많은 돈이 가난한 사람들을 돕기 위해 쓰여진다.

an amount of 다음에는 셀 수 없는 명사가 오는데, 셀 수 없는 명사는 아무리 많아도 셀 수 없기 때문에 단수로 취급한다는
점이 매우 중요해요. 따라서 당연히 단수명사와 어울리는 형태의 동사가 옵니다.

그럼 '많은 물이 필요하다.'를 영작해 볼게요.

> ### An amount of (=Much) water is needed.
> 많은   물(셀 수 없는 명사)
> 필요하다(수동태, 셀 수 없는 명사와 어울리는 be 동사 현재형)

② the amount of (~의 양)

the amount of + 셀 수 없는 명사 + 단수동사

The amount of water contaminated is 1 billion liters.
오염된 물의 양은 10억 리터야.

The amount of money spent on helping the poor is 1 million dollars.
가난한 사람들을 돕기 위해서 쓰인 돈(의 양)은 백만 달러야.

그럼 이제는 the amount of에 대해 알아볼게요. the number of는 셀 수 있는 명사의 '수', the amount of는 셀 수 없는 명사의 '양'입니다. 여기서도 모음으로 발음이 시작되기 때문에 the amount의 the를 '더'[ðə]라고 읽지 않고 '디' [ði]라고 발음하는 것에 주의해 주세요!

the amount of를 사용해서 위 예문과 뜻이 비슷한 '이 물의 양은 천 리터이다.'를 영작해 볼게요.

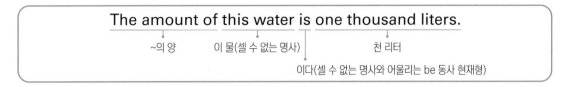

The amount of this water is one thousand liters.

~의 양   이 물(셀 수 없는 명사)   천 리터

이다(셀 수 없는 명사와 어울리는 be 동사 현재형)

❗ a number of와 an amount of 강조

large, huge, great 등을 써서 a number of와 an amount of를 강조할 수 있고, '엄청나게 많은'이라고 해석합니다.

	large	number	of
a	huge		
	great	amount	

A huge amount of snow!

Exercise

주어진 단어 중 올바른 것을 빈칸에 넣으세요.

1 페이스북은 전세계 많은 젊은이들에게 어필하고 있다.

Facebook appeals to _____ number of young people across the world. (a / the)

2 매년 엄청난 돈이 쓰레기 처리에 쓰인다.

A huge _____ of money is spent on the disposal of trash every year.
(number / amount)

3 프로 선수들은 엄청난 돈을 번다.

Professional athletes often earn a _____ amount of money. (huge / hugely)

4 한국인 유학생 수는 꾸준히 증가해 왔다.

_____ number of Korean students studying abroad has steadily risen.
(A / The)

5 우주 탐험에 막대한 돈을 쓰는 것이 완전한 낭비다.

A great amount of money spent on space exploration _____ a complete
waste. (is / are)

6 산림 벌채로 인해 호랑이 수가 급격하게 줄어들고 있다.

Due to deforestation, the _____ of tigers is decreasing drastically.
(number / amount)

7 친환경 포장 디자인은 쓰레기의 양을 줄이는 데 도움이 될 수 있다.

Eco-friendly packaging designs could help to reduce _____ amount of waste.
(an / the)

 **Answer**

1 a 2 amount 3 huge 4 The 5 is 6 number 7 the

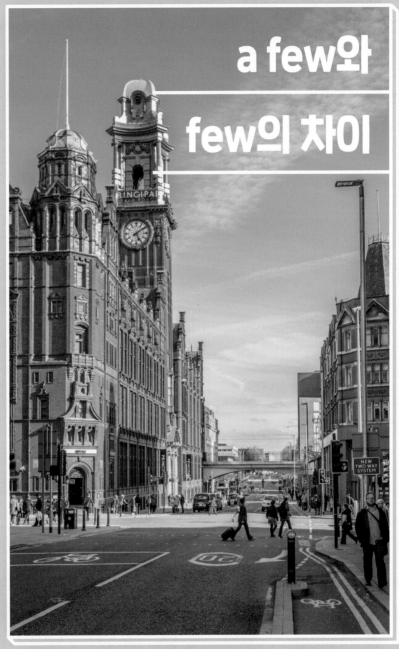

DAY 17

a few와 few의 차이

Manchester, UK

a few와 few, a little과 little은 IELTS와 TOEFL 시험에서
수량을 나타낼 때 자주 등장하는 표현입니다.
a의 유무에 따라 의미가 바뀌니,
Speaking과 Writing에서 사용할 때 특별히 유의하기 바랍니다.

본격적인 학습에 들어가기에 앞서 자신의 현재 실력을 확인해 보는 문제로, 부담 없이 풀어보세요.

다음 중 올바른 영어 문장은?

1 요즘 한문을 공부하는 학생들은 거의 없는 것 같아.

(a) Nowadays, few students study classical Chinese.
(b) Nowadays, a few students study classical Chinese.

2 나 어젯밤에 잠을 거의 못 잤어.

(a) I slept very a little last night.
(b) I slept very little last night.

3 나는 돈이 약간 있어.

(a) I have a little money.
(b) I have little money.

4 말로 표현할 수 있는 추상적인 개념은 거의 없다.

(a) A few abstract concepts are possible to put into words.
(b) Few abstract concepts are possible to put into words.

5 우리는 오후에 약간 쉴 수 있는 시간이 있다.

(a) We have time for a little break in the afternoon.
(b) We have time for little break in the afternoon.

 Answer

1 (a) 2 (b) 3 (a) 4 (b) 5 (a)

a few와 few의 차이

'a'가 있고 없고에 따라 큰 차이가 나는데요, 대표적인 예로 a few와 few가 있습니다. a가 있으면 좋은 거니까 '긍정', 없으면 나쁜 거니까 '부정'으로 생각하면 쉽게 기억할 수 있어요.

예를 들어, 주머니에 동전이 3개 있을 때 '동전이 3개나 있네.'라고 생각하면 a few, '동전이 3개밖에 없네.'라고 생각하면 few를 쓰면 된답니다. a few는 '몇 개의'라는 긍정의 뜻, few는 '몇 개밖에 없는' 혹은 '거의 없는'이라고 해석해 주세요. 그리고 a few와 few 뒤에는 셀 수 있는 복수명사가 온다는 것도 기억해 주시고요.

a few	몇 개의 (긍정)	+ 셀 수 있는 복수명사
few	몇 개밖에 없는 / 거의 없는 (부정)	

① a few: 몇 개의 (긍정)

a few + 셀 수 있는 복수명사

There are a few coins in my pocket.
내 주머니에 동전이 몇 개 있어.

There are a few students in this class.
이 수업에 학생들이 몇 명 있어.

The benefits of the planned changes are a few.
계획된 변경의 이점들이 몇 개 있다.

② few: 거의 없는 (부정)

few + 셀 수 있는 복수명사

There are few coins in my pocket.
내 주머니에 동전이 몇 개밖에 없어 (거의 없어).

There are few students in this class.
이 수업에 학생들이 몇 명밖에 없어 (거의 없어).

The benefits of the planned changes are few.
계획된 변경의 이점들이 몇 개 없다 (거의 없다).

Further Study

a little과 little의 차이

a few와 few는 셀 수 있는 복수명사 앞에, a little과 little은 셀 수 없는 명사 앞에 쓴답니다. 앞에서 설명한 대로 a가 있으면 좋은 거니까 '긍정', 없으면 나쁜 거니까 '부정'! 조금 유치하지만 잘 기억하고 계시죠?

예를 들어, 물컵에 물이 3분의 1정도 담겨 있을 때 긍정적인 사람은 a little, '물이 약간 있네.'라고 말하고 부정적인 사람은 little, '물이 조금밖에 없네, 물이 거의 없네.'라고 말하겠죠.

여기서 주의할 점은 a little(약간 있는)이라고 말해도 뒤에 단수 취급하는 셀 수 없는 명사가 온다는 점, 따라서 단수동사와 매칭해야 한다는 점을 꼭! 기억해 주세요.

a little	약간 있는 (긍정)	+ 셀 수 없는 명사 (단수 취급)
little	조금밖에 없는 / 거의 없는 (부정)	

① a little: 약간 있는 (긍정)

a little + 셀 수 없는 명사 (단수 취급)

There is a little water in this glass.
이 유리잔에는 물이 약간 있어.

Juli saves a little money every month.
줄리는 매달 약간의 돈을 저축하고 있어.

There seems to be a little hope left in the scientific community regarding global warming.
지구 온난화에 대한 과학계 내 남아있는 희망이 약간 있는 것처럼 보인다.

② little: 거의 없는 (부정)

little + 셀 수 없는 명사 (단수 취급)

There is little water in this glass.
이 유리잔에는 물이 조금밖에 없어 (거의 없어).

Juli saves little money every month.
줄리는 매달 조금밖에 저축을 못 하고 있어 (거의 저축을 못해).

There seems to be little hope left in the scientific community regarding global warming.
지구 온난화에 대해 과학계에 남아있는 희망이 조금밖에 없어 보인다 (거의 없다).

Exercise

다음 빈칸에 a few, few, a little, little 중에서 적절한 것을 넣으세요.

1   반항적인 아이는 사람들과 어울리는 능력이 거의 없는 것처럼 보인다.

A defiant child may appear to have _____ capacity to relate to other people.

2   사람들은 약간의 인내와 연습으로 대화기술을 향상시킬 수 있다.

People can improve their conversational skills with _____ patience and practice.

3   대부분의 가난한 나라에는 치료 가능한 병에 대해 적절한 치료를 받는 사람들이 거의 없다.

_____ people have received proper treatment for curable diseases in most poor countries.

4   최근까지 과학자들은 난독증의 신경학적 원인에 대해 거의 알지 못했다.

Until recently, scientists knew very _____ about the neurological causes of dyslexia.

5   시골 사람들에 비해 충분한 수면을 취하는 도시인들은 거의 없다.

Very _____ city dwellers get an adequate amount of sleep compared to rural people.

6   여전히 일부 공장들은 폐수를 강으로 불법 방류한다.

_____ factories still illegally discharge wastewater into the river.

7   몇몇 개발도상국들은 원자력 발전소를 급속도로 짓고 있다.

_____ developing nations are building nuclear energy facilities at an alarming rate.

 Answer

1 little 2 a little 3 Few 4 little 5 few 6 A few 7 A few

DAY
18

접속사

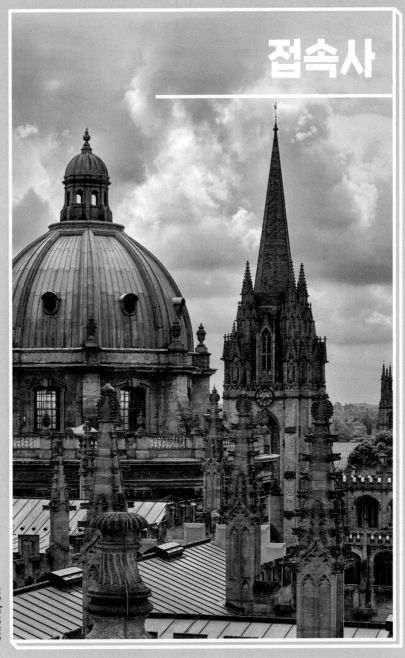

Oxford, UK

Speaking, Writing 시험에서 고득점을 맞기 위해서는
짧은 문장만을 나열하는 방식에서 벗어나야 합니다.
문장을 길게 만들고, 글의 일관성과 응집성(Coherence and Cohesion) 및
아이디어 간 연결성(Connection of Ideas)을 높이기 위해서는
접속사를 사용해야 합니다.

Quiz

본격적인 학습에 들어가기에 앞서 자신의 현재 실력을 확인해 보는 문제로, 부담 없이 풀어보세요.

다음 중 올바른 영어 문장은?

1   나는 차를 마시고 운동하는 것을 좋아한다.

    (a) I like to drink tea and doing exercise.
    (b) I like to drink tea and to do exercise.

2   내가 토미를 보았을 때, 그는 점심을 먹고 있었다.

    (a) Tommy was eating lunch when I saw him.
    (b) When I saw him Tommy was eating lunch.

3   그는 야구하는 것과 사진 찍는 것을 좋아해.

    (a) He enjoys playing baseball and taking photos.
    (b) He enjoys playing baseball but taking photos.

4   나는 배우나 의사가 되고 싶어.

    (a) I want to be an actor and a doctor.
    (b) I want to be an actor or a doctor.

5   비록 나는 가난하지만 행복해.

    (a) Although I am poor, I am happy.
    (b) If I am poor, I am happy.

 Answer

    1 (b) 2 (a) 3 (a) 4 (b) 5 (a)

Grammar 접속사

접속사란 단어와 단어, 구와 구, 문장과 문장을 연결해 주는 품사를 말해요. 짧은 문장을 길게 늘릴 때 반드시 활용해야 하는 품사죠. 접속사는 크게 등위접속사와 종속접속사로 나눌 수 있습니다.

1 등위접속사

등위접속사는 단어와 단어, 구와 구, 절과 절을 동등한 위치에서 연결해주는 접속사입니다.

I like coffee but Tom likes tea.
나는 커피를 좋아하지만 톰은 차를 좋아해.

내가 커피를 좋아하는 것과 톰이 차를 좋아하는 것은 동등한 비중을 차지하기 때문에 but은 등위접속사입니다.

등위접속사 전후에는 명사+명사, 형용사+형용사, 동명사+동명사 등 같은 품사가 오는 것도 주의해 주세요.

I like drinking coffee and to read a book. (x)
위의 문장과 같이 등위접속사 앞에는 동명사, 뒤에는 to부정사를 쓰면 매끄럽지 못한 문장이 됩니다.

I like drinking coffee and reading a book. (o)
I like to drink coffee and to read a book. (o)

또한 나열하는 단어가 3개 이상일 경우에는 맨 마지막 단어 앞에만 등위접속사를 써줍니다.

I like bananas, apples, strawberries and oranges.

대표적으로 가장 많이 사용하는 등위접속사는 다음의 세 가지입니다.

① and 그리고
  I am craving wine and cheese.
  나는 와인이랑 치즈가 땡겨.

② or 또는
  I keep in shape by swimming or going to the gym.
  나는 수영을 하거나 헬스클럽에서 운동하면서 건강을 유지한다.

③ but 그러나

I do not work hard for a living but work smart for the quality of life.

나는 생계를 위해서 열심히 일하는 것이 아니라 삶의 질을 위해서 영리하게 일한다.

2 종속접속사

종속 접속사는 주절과 종속절, 다시 말해 비중이 높은 주인이 되는 문장과 비중이 낮은 종이 되는 문장이 결합하는 것을 말합니다. 종속접속사가 붙은 문장이 비중이 낮은 종속절이 되는 거예요. 영문법은 한글 뜻이 어려워서 더욱 어렵게 느껴지는데요. 간단한 예를 들어 쉽게 설명해 드릴게요.

Juli was sleeping when I came back home.
  주절   >   종속절

내가 집으로 돌아왔을 때 줄리는 자고 있었다.

이 문장에서 내가 집으로 돌아왔다라는 내용보다는 줄리가 자고 있었던 내용이 의미적으로 더 큰 비중을 차지하기 때문에 Juli was sleeping은 주절, 종속접속사 when으로 시작하는 when I came back home은 종속절이 됩니다. 그리고 주절과 종속절의 위치에 따라 콤마 여부가 결정되는데요. 주절 다음에 종속절이 나올 때는 콤마가 필요 없지만 종속절이 먼저 나오고 그 다음에 주절이 나올 때는 종속절 뒤에 콤마를 찍어줍니다.

주절 + 종속절 (콤마 필요 없음)	Juli was sleeping when I came back home.
종속절 + 주절 (종속절 뒤에 콤마)	When I came back home, Juli was sleeping.

대표적으로 가장 많이 사용하는 종속접속사는 다음과 같습니다.

시간	when	~할 때	
	while	~하는 동안	
	before	~하기 전에	전치사도 됨
	after	~한 후에	전치사도 됨
	until	~까지	전치사도 됨
조건	if	만약 ~ 한다면	
	unless	만약 ~ 않는다면	
이유 / 원인	because	~때문에	
	as	~하면서/~때문에	전치사도 됨
양보	though	비록 ~ 이지만	주로 구어체에 사용
	although	비록 ~ 이지만	주로 문어체에 사용

① when ~할 때

The generation gap ensues when there is a lack of communication between parents and children.
세대 차이는 부모와 자식 간의 대화가 부족할 때 발생한다.

② while ~하는 동안

While travelling on the outskirts of Paris, I stayed in a luxurious hotel.
파리 주변 도시들을 여행하는 동안, 나는 고급스러운 호텔에서 묵었다.

③ before ~하기 전에

I always buy Lonely Planet guides before I take a trip to overseas countries.
나는 해외 여행을 가기 전에 항상 론리 플래닛 여행 책자를 구매한다.

④ after ~한 후에

After the sewing machine was invented, the readymade clothing industry started.
재봉틀이 발명된 후에 기성복 사업이 시작되었다.

⑤ until ~까지

In South Korea, children are required by law to go to school until they are 16.
한국에서는 아이들은 16세까지 학교에 가는 것이 법으로 의무화되어 있다.

⑥ if 만약 ~한다면

If students got less homework, they might get less stress.
만약 학생들은 숙제가 적다면 스트레스를 덜 받을지도 모른다.

⑦ unless 만약 ~ 않는다면

Unless we reduce pesticides, more and more people will develop cancer.
만약 우리가 살충제를 줄이지 않는다면, 점점 더 많은 사람들이 암에 걸릴 것이다.

⑧ because ~ 때문에

Astronauts float around in space because there is no gravity there.
우주 비행사들은 중력이 없기 때문에 우주를 떠다닌다.

⑨ as ~ 하면서

As children turn into teenagers, their peer group begins to play an increasingly important role in their life.

아이들이 10대로 접어들면서, 또래집단이 그들의 삶에 점점 더 중요한 역할을 하기 시작한다.

⑩ though 비록 ~이지만

Jenny likes Tom though he often annoys her.

톰은 제니를 종종 귀찮게 하지만 제니는 톰을 좋아한다.

⑪ although 비록 ~이지만

Although CCTV is an essential tool to prevent crimes, it can intrude upon people's privacy.

CCTV는 범죄를 예방하는 데 중요한 도구이지만, 사람들의 사생활을 침해할 수 있다.

peer group

등위상관접속사

접속사 중에는 등위상관접속사라는 것도 있는데요. 등위상관접속사란 서로 짝을 이루어 등위접속사 역할을 하는 표현이에요. 명칭은 다소 생소하지만 아래 종류를 살펴보면 우리가 이미 알고 있는 친숙한 구문들입니다.

① between A and B: A와 B 사이에

There is a close connection between smoking and cancer.
흡연과 암 사이에는 밀접한 관계가 있다.

② both A and B: A와 B 둘 다

Both nature and nurture play a key part in developing our brains.
천성과 양육 모두는 우리 뇌의 발달에 중요한 역할을 한다.

③ not only A but also B = B as well as A: A뿐만 아니라 B도

Using dry ice to preserve food is not only cheap, but also easy.
= Using dry ice to preserve food is easy as well as cheap.
식품을 보존하기 위해 드라이 아이스를 사용하는 것은 저렴할 뿐만 아니라 손쉽다.

④ not A but B: A가 아니라 B

Tom is not brave but timid.
톰은 용감하지 않고 소심하다.

⑤ either A or B: A나 B 둘 중의 하나

Either Jenny or I have to go.
제니나 나 둘 중의 하나는 반드시 가야 한다.

⑥ neither A nor B: A나 B 둘 다 아닌

Neither she nor I speak Japanese.
그녀도 나도 일어를 못한다.

Exercise

한글 해석을 이용해서 빈칸에 적절한 접속사를 넣으세요.

1   잭은 숙제를 끝낸 후에, 컴퓨터 게임을 시작했다.

_____ Jack finished his homework, he started to play computer games.

2   나는 아기였을 때, 매우 예뻤어.

I was so pretty _____ I was a baby.

3   줄무늬 셔츠는 트렌디할 뿐만 아니라 누구나 입기 편하다.

Striped shirts are _____ trendy _____ they are _____ very comfortable for everyone to wear.

4   비록 에이미는 어린 시절을 해외에서 보내지는 않았지만, 영어를 원어민처럼 구사한다.

_____ Amy did not spend her childhood abroad, she speaks English like a native speaker.

5   나는 매리가 아니라 제니한테 관심이 있어.

I am interested _____ in Mary _____ in Jenny.

6   대부분의 한식은 맛있을 뿐만 아니라 영양가도 높다.

Most Korean foods are nutritious _____ delicious.

7   나는 운동하는 동안 보통 음악을 듣는다.

I usually listen to music _____ I am exercising.

 Answer

1 After 2 when 3 not only, but, also 4 Although 5 not, but 6 as well as 7 while

헷갈리는 표현

Auckland, New Zealand

percent(%)와 percentage는 IELTS Academic 시험의
Writing Task 1에서 그래프 수치 분석 시 사용하게 됩니다.
또한 IELTS Task 2나 TOEFL Question 2의 에세이 작성 시,
자신의 주장을 보다 객관적으로 뒷받침하기 위해
통계 자료를 제시할 때에도 사용할 수 있습니다.

본격적인 학습에 들어가기에 앞서 자신의 현재 실력을 확인해 보는 문제로, 부담 없이 풀어보세요.

다음 중 올바른 영어 문장은?

1 사춘기 소녀의 32프로가 <u>스스로를</u> 과체중이라고 생각한다.

(a) Thirty-two percent of adolescent girls believe that they are overweight.
(b) Thirty-two pro of adolescent girls believe that they are overweight.

2 학교에서 남학생의 비중이 갑자기 줄어들었어.

(a) The percent of male students at school has decreased suddenly.
(b) The percentage of male students at school has decreased suddenly.

3 나 2시간 동안이나 길에서 꼼짝도 못했어.

(a) I was stuck in traffic during two hours.
(b) I was stuck in traffic for two hours.

4 내 딸은 보통 밤중에 5번은 깬다.

(a) My daughter generally wakes up five times during the night.
(b) My daughter generally wakes up five times for the night.

5 나는 배가 아파서 학교를 결석했다.

(a) I was absent from school because I had a stomachache.
(b) I was absent from school because of I had a stomachache.

 Answer

1 (a) 2 (b) 3 (b) 4 (a) 5 (a)

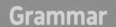

헷갈리는 표현

① percent와 percentage

최근 통계에 따르면 전 세계 인구의 20%가 영어를 사용하고 있다고 해요. 모국어로서 뿐만 아니라 외국어로서 영어를 사용하는 사람들까지 포함한 수치랍니다. 여기서 잠깐! 여러분은 조금 전 '%'를 어떻게 발음했나요? '프로' 아니야? '퍼센트'? '퍼센티지'인가?

통계 자료 등에 자주 등장하는 '%'는 'percent'[pərsént], '퍼센트' 또는 영국에서는 중간에 띄어서 'per cent'라고도 써요. '프로'라는 말은 일본어가 아닌 네덜란드어에서 유래한 말이랍니다.

그런데 우리는 'percentage'[pərséntidʒ], '퍼센티지'라는 단어도 자주 접하게 되는데요. 자꾸만 헷갈리는 'percent'와 'percentage' 구분하는 법 아주 간단합니다.

숫자 + percent / per cent / %

퍼센트는 반드시 앞에 숫자가 나와야 사용할 수 있습니다.

Tommy got 95 percent on this test.
토미는 이 시험에서 95점(100점 만점 기준) 받았대.

Only 10 percent of pupils attended this lecture.
오직 10퍼센트의 학생들만이 이 수업에 참석했어.

Almost 40% of households owned their homes in 2000, while the percentage of homeownership decreased in 2020, just over 20%.
2000년에 약 40%의 가정이 자신의 집을 소유하였지만, 2020년에는 겨우 20% 넘게, 자가소유 퍼센티지가 감소하였다.

단어 + percentage

퍼센티지는 앞에 숫자 없이 사용합니다.

The percentage of English speakers continues to increase.
영어로 말하는 사람들의 퍼센티지가 계속 증가하고 있다.

The percentage of married women in the workplace has decreased suddenly.
직장에서 일하는 결혼한 여성들의 퍼센티지가 갑자기 줄어들었다.

The bar chart compares the percentage of households in owned and rented accommodation in London between 2000 and 2020.
막대 그래프는 2000년과 2020년 사이에 런던에서 자가와 임대 가정의 퍼센티지를 비교한다.

② for와 during

저는 어제 gym에서 2시간 동안 운동했는데요. 하는 동안은 너무 힘들었지만, 하고 나서는 아~ 상쾌한 기분! 그럼 여기서 잠깐, '2시간 동안'이라는 표현은 영어로 뭘까요? 어려 보이는 동안이 아닌, 시간 상으로 '동안/기간'을 말할 때 두 가지 단어가 떠오를 거예요, for와 during! 하지만 이 두 단어... 비교적 쉬운 단어이지만 쓸 때마다 헷갈리지 않으세요? 자, 그럼 여기서 아주 간단한 공식을 알려드릴게요.

`for + 숫자`

I worked out in the gym for 2 hours yesterday.
나 어제 헬스장에서 2시간 동안 운동했어.

Juli was in London for a year.
줄리는 런던에 1년 동안 있었어.
* a는 one과 같기 때문에 a도 숫자로 봅니다.

I have been studying English for 20 years.
나는 영어를 20년 동안 배우고 있다.

`during + 단어`

During this summer vacation, I have a plan to visit New Zealand.
이번 여름 방학 동안, 나는 뉴질랜드에 방문할 계획이 있어.

My grandmother was born during the Korean War.
우리 할머니는 한국 전쟁 중에 태어났어.

The city center is quite lively during the day.
낮 동안 도심은 꽤 활기차다.

Further Study

because와 because of

저는 콘서트도 다녀왔을 정도로 Ne-Yo라는 가수를 좋아하는데요. 특히 그의 노래 중 'Because of you'는 사랑에 빠져본 사람이라면 공감할 수 있는 가사와 멜로디인 것 같아요. 우리는 이유를 말할 때, '~ 때문이야'라는 표현을 자주 사용하는데요. 이럴 때마다 because를 써야 하는지, because of를 써야 하는지 헷갈릴 때가 많잖아요. 아주 쉽게 구분하는 법 알려드릴게요.

because + 문장(주어+동사)

I am very happy because I met you.
나는 너를 만나서 너무 행복해.

Alex was late because it rained heavily.
알렉스는 비가 너무 많이 와서 늦었다.

I believe that the world has become a better place because advances in technology make our lives more convenient.
기술 발전이 우리의 삶을 더욱 편리하게 만들어 주기에 나는 세상이 더 좋아지고 있다고 생각한다.

because of + 명사/명사구

I am very happy because of you.
나는 너 때문에 너무 행복해.

Alex was late because of the heavy rain.
알렉스는 폭우 때문에 늦었다.

I believe that the world has become a better place because of advances in technology.
나는 기술 발전으로 인해 세상이 더 좋아지고 있다고 생각한다.

Exercise

주어진 단어 중 올바른 것을 빈칸에 넣으세요.

1   To lose weight, total fat intake should not exceed twenty _____ of calorie consumption. (percent / percentage)

2   The population growth has decreased by three _____ over the last five years. (percent / percentage)

3   _____ the first week of a term, students are shown around the library by a librarian. (For / During)

4   I travel _____ rush hour, so there is quite a lot of traffic. (for / during)

5   This coupon is available _____ a month. (for / during)

6   I do not have much time to do regular exercise _____ my heavy workload. (because / because of)

7   Many students drop out of foreign universities to go back home _____ homesickness. (because / because of)

Answer

1 percent 2 percent 3 During 4 during 5 for 6 because of 7 because of

1 살을 빼기 위해서는 총 지방 섭취량이 칼로리 섭취의 20퍼센트를 초과해서는 안 된다.

2 지난 5년간 인구 성장이 3퍼센트 감소했다

3 학기 첫 주에 학생들은 사서와 함께 도서관을 둘러본다.

4 나는 혼잡한 출퇴근 시간에 이동하기 때문에 교통량이 많다.

5 이 쿠폰은 한 달 동안 이용 가능하다.

6 나는 과중한 업무량 때문에 규칙적으로 운동할 시간이 많지 않다.

7 많은 학생들이 향수병 때문에 외국 대학을 중퇴하고 고국으로 돌아간다.

재미있는
영어 표현

Cambridge, UK

자연스러운 영어 표현 사용(Use of Idiomatic Language)은
IELTS와 TOEFL의 Writing, Speaking 시험 모두에 채점 요소입니다.
다음에 소개되는 재미있고 수준 높은 관용적인 영어 표현들을 통해
다른 수험생과 차별화된 답안을 표현해 보세요.

본격적인 학습에 들어가기에 앞서 자신의 현재 실력을 확인해 보는 문제로,
부담 없이 풀어보세요.

다음 중 올바른 영어 문장은?

1 휴대전화는 양날의 검이다.

   (a) Smartphones are a double-edged sword.
   (b) Smartphones are a double-edge sword.

2 테리는 자기 뜻대로 하기 위해 악어의 눈물을 흘렸다.

   (a) Terry sheded crocodile tears to get his way.
   (b) Terry shed crocodile tears to get his way.

3 나는 더할 나위 없이 행복해.

   (a) I am on cloud nine.
   (b) I am on the cloud nine.

4 월플라워란 내성적인 사람을 말한다.

   (a) A wallflower is a person who is introverted.
   (b) A wallflower is a person who is extroverted.

5 나 어젯밤에 맥주를 많이 마시고 토했어.

   (a) I vomited last night after drinking a lot of beer.
   (b) I overate last night after drinking a lot of beer.

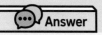 **Answer**

1 (a) 2 (b) 3 (a) 4 (a) 5 (a)

재미있는 영어 표현 1

관용적으로 쓰는 영어 표현들 중에서 지금도 뉴스나 저널에 자주 사용되는 것들을 공부해 볼게요. 시험뿐만 아니라 일상 생활에서도 이런 표현들을 사용한다면 상당히 지적으로 보일 거 같아요.

① a double-edged sword: 양날의 검 (장점도 단점도 있는 경우)

The tongue is a double-edged sword; it may heal or it may kill.

'혀는 양날의 검, 그것은 치유도 하고 죽이기도 한다.'라는 말이 있어요. 혀뿐만 아니라 자동차, 핵무기, 모바일 등도 양날의 검이죠. 이처럼 장점도 있고 단점도 있는 경우에 양날의 검(double-edged sword)이라는 표현을 쓴답니다. 아주 수준 있는 고급스러운 표현이에요. double과 edged를 하이픈 (hyphen, -)으로 연결해서 '양날의'라는 뜻으로 하나의 형용사처럼 표현한 것과 문장에 적용할 때는 검(sword)이 셀 수 있는 명사니까 앞에 관사 a 를 붙이는 것도 잊지 마세요!

Media censorship is a double-edged sword.
미디어 검열은 양날의 검이다.

※ media censorship: 미디어 검열(언론이 대중들에게 미치는 악영향을 최소화하기 위해 정부가 사전에 내용을 검열하는 것, 국민 정서와 특히 청소년을 보호한다는 장점이 있지만 국민의 알 권리를 침해하고 국가의 이익을 대변한다는 비판이 있다.)

Sometimes being honest can be a double-edged sword.
때로는 솔직한 것이 양날의 검이 될 수 있다.

High heels are fashion's most double-edged sword.
하이힐은 패션의 가장 큰 양날의 검이다

※ 최상급인 most 앞에는 보통 the가 와야 하는데, 여기서는 소유격(fashion's)이 the를 대체한다. 또한 소유격과 부정관사 a는 함께 쓸 수 없기 때문에 fashion's가 a를 대체했다.

② crocodile tears: 악어의 눈물 (거짓 눈물)

거짓으로 눈물을 흘릴 때, 우리는 종종 악어의 눈물(crocodile tears)이라고 말하는데요. 악어가 커다란 먹이를 입에 넣으면 그 먹이가 입의 윗부분을 압박해서 악어의 눈에서 눈물 같은 액체가 줄줄 나오는 현상에서 유래했대요. 이 표현은 셰익스피어도 그의 작품에서 사용했을 정도니까 우리도 꼭 기억하고 실전에서 사용해봐야 하겠죠?

본심을 숨기고 거짓으로 감정을 표현할 때 사용하는 crocodile tears. '악어의 눈물을 흘리다'라고 말할 땐 동사 shed/weep/cry를 쓰는데 이 동사들의 현재-과거-완료도 함께 공부해 볼게요.

현재	과거	완료
shed	shed	shed
weep	wept	wept
cry	cried	cried

Juli shed crocodile tears to get her way.
줄리는 자기 뜻대로 하기 위해 악어의 눈물을 흘렸다.

Politicians often weep crocodile tears in Parliament.
정치가들은 종종 의회에서 악어의 눈물을 흘린다.

Alex, your crocodile tears cannot fool me.
알렉스, 너의 악어의 눈물에 안 속아.

③ cloud nine: 클라우드 나인 (가장 행복한 순간)

클라우드 나인(cloud nine), 고급 레스토랑이나 골프장 이름으로 종종 들어본 적이 있는데요. 직역하면 9번 구름, 정확히 무슨 뜻일까요? 클라우드 나인에 대한 유래는 몇 가지가 있는데 그 중 하나는 단테의 신곡 '천국' 편에서 천국에 이르는 마지막 9번째 계단을 지칭한대요. 천국에 곧 도착하니까 인생에 있어 '최고로 행복한 절정의 순간'을 의미한다고 해요. 그리고 국제 구름 도감(International Cloud Atlas)의 초판에는 구름 형태 10종류를 규정했는데, 그 중 9번째인 적란운이 가장 높은 곳까지 뜨기 때문에 클라우드 나인이 가장 행복한 순간을 가리킨다는 유래도 있어요. 따라서 '더할 나위 없이 행복해.'라고 말할 때는 "I'm on cloud nine."이라고 하면 된답니다. 사전적 정의로는 a state of perfect happiness예요.

Tommy was on cloud nine after the birth of his daughter.
토미는 그의 딸이 태어난 후 가장 행복했어.

We are in love and on cloud nine.
우리는 서로 사랑하고 최고로 행복해.

When Juli met her Mr. Right, Bogum Park, in person, she was on cloud nine.
줄리는 이상형인 박보검을 직접 만났을 때 매우 행복했다.

재미있는 영어 표현 2

이번에는 좀 더 캐주얼하고 재미있는 표현들을 공부해 볼게요.

① wallflower: 월플라워 (인기가 없는 사람)

파티 좋아하세요? 저는 최근에 영국 대사관에서 주최한 영국 여왕 생일 파티에 초대되어 갔다 왔는데요. Party, 이름만 들어도 설레지만 간혹 참석하기 두려워하는 분들도 있을 거 같아요. 왜냐하면 뭘 입고 가야 하나도 고민거리지만, 파티에서 낯선 사람들과 어울리기란 아무리 외향적인 사람, extrovert라 하더라도 쭈뼛거리기 마련이거든요. 이처럼 wallflower란 파티에서 아무도 말을 걸거나 춤을 신청하지 않아 벽에 딱 붙어있기만 하는 인기 없는 사람을 뜻하는 단어예요. 파티에 가도 적극적으로 어울리지 못하고 다른 사람들 노는 것만 쳐다보는 존재감 없는 사람을 말하죠.

A wallflower is a person who is introverted and is separated from the crowd, usually at a party.
월플라워란 보통 파티에서 내성적이거나 군중으로부터 분리된 사람을 말한다.

Wallflowers can be creative and wise.
월플라워들은 창의적이고 현명할 수 있다.

파티와 관련된 단어들도 함께 공부해 봐요.

---

fashionably late: (제 시간에 도착할 수 있지만 중요한 사람처럼 보이려고) 일부러 늦게 도착하는

in full swing: 한창 진행 중인

make a big entrance: 멋지게 등장하다

outgoing, extroverted: 사교적인, 외향적인

introverted: 내성적인

mingle: 어울리다

year-end party: 송년회

farewell party: 송별회

housewarming party: 집들이

bridal shower: 신부 친구들이 선물하는 축하 파티

bachelor party: 결혼식 전날 신랑과 그의 친구들이 하는 파티

---

② blackout: 블랙아웃 (의식을 잃는 것)

이번에는 술과 관련된 표현들에 대해 알려드릴게요. 먼저 누군가와 밖에서 만나 어울려야겠지요? 이럴 때는 hang out. 친구와 술을 마시는데 헤어진 철수 생각에 너무 많이 마셔서 계속 토를 해요. 이럴 때는 오바이트가 아니라 vomit (오바이트는 overeat, '과식하다'의 발음을 지극히 한국적으로 구사한 콩글리시). 그 후 필름이 끊기겠죠? 이럴 때가 blackout입니다. 다음날 숙취로 고생해요. 어제 왜 바보처럼 많이 마셨을까? 숙취는 영어로 hangover랍니다.

---

hang out: 누군가와 만나서 시간을 보내다

vomit: 구토, 토하다

blackout: 의식을 잃는 것 (black out은 '의식을 잃다'라는 동사 표현)

hangover: 숙취

Let's hang out tonight!
오늘 밤 놀자!

I vomited last night after drinking a lot of tequila.
나 어젯밤에 테킬라 많이 마시고 토했어.

Alex often blacks out when he drinks too much.
알렉스는 술을 너무 많이 마시면 종종 필름이 끊긴다.

I have experienced blackouts three times so far.
나는 지금까지 세 번 필름이 끊겨봤어.

Eating hamburgers can help lessen the hangover the next day.
햄버거를 먹는 것은 다음 날 숙취를 완화시키는 데 도움을 준다.

Exercise

한글 해석을 이용해서 빈칸에 적절한 영어 표현을 넣으세요.

1   나는 파티가 한창 진행 중일 때 도착하기를 원해.

I want to arrive at a party when it's _____.

2   어젯밤 송년회는 어땠어?

How was the _____ last night?

3   존재감이 없는 사람은 연예계에서 성공할 수 없다.

A _____ cannot succeed in the entertainment world.

4   나 사랑에 빠졌는데 구름 위를 떠다니는 느낌이야.

I am in love and it feels like I am floating _____.

5   사장은 나를 해고할 때 거짓 눈물을 흘렸다.

My boss shed _____ when she dismissed me.

6   인터넷을 사용하는 것은 양날의 검이다.

Using the Internet is a _____.

7   우리는 김박사님이 떠나기 전에 그녀를 위해 송별회를 했다.

We had _____ for Dr. Kim before she left.

 Answer

1 in full swing 2 year-end party 3 wallflower 4 on cloud nine 5 crocodile tears
6 double-edged sword 7 a farewell party

DAY 20 재미있는 영어 표현 163

MEMO

Grammar
Review

Grammar Review(문법 복습)에서는 앞에서 공부한 문법 20가지를
문제 순서대로 풀어봅니다. 1번 문제는 Day 1에서, 8번 문제는 Day 8 내용에서
나옵니다. 따라서 14번 문제를 틀렸고 제시된 간략한 설명만으로는 왜 틀렸는지
이해하기 어렵다면 Day 14로 돌아가서 해당 문법을 다시 공부하시기 바랍니다.

Grammar Review는 총 2회 분량입니다.

Review 1

1   다음 빈칸에 들어갈 알맞은 관사를 넣으세요.

    _____ disabled should not be excluded from the opportunity for employment.
    취업 기회에 장애인을 배제해서는 안 된다.

2   다음 빈칸에 들어갈 알맞은 관사를 넣으세요.

    Animal and plant species throughout _____ world are being threatened by
    extinction at _____ alarming rate.
    전세계의 동식물 종들은 놀랄만한 속도로 멸종의 위협을 받고 있다.

3   다음 문장에서 대문자로 써야 하는 단어를 모두 찾아 알맞게 수정하세요.

    last march, a lot of soldiers dropped out during the march.
    지난 3월, 많은 군인들이 행군에서 탈락했다.

4   다음 문장에서 단복수가 틀린 단어를 모두 찾아 알맞게 수정하세요.

    The new satellite will be sending weather informations data for ten years.
    새 인공위성은 10년간 기상 정보 자료를 발신할 것이다.

5   다음 문장에서 단복수가 틀린 단어를 찾아 알맞게 수정하세요.

    My grandfather does not have much hairs.
    우리 할아버지는 머리카락이 별로 없어.

6   다음 문장에서 틀린 단어를 찾아 수정하세요.

    This receipt will be enough for two servings.
    이 조리법은 2인분에 충분하다.

7   다음 문장에서 문법이 틀린 단어를 찾아 알맞게 수정하세요.

    A quarter of the local women is unemployed.
    그 지역 여성의 4분의 1이 실직 상태이다.

8   다음 우리말의 올바른 영문을 고르세요.

    나는 영국에서 공부하기 위해 매년 약 만 파운드를 지불했어.
    (a) I paid about ten thousand pounds per year to study in the UK.
    (b) I paid about ten thousand pound per year to study in the UK.

9 주어진 힌트를 보고 빈칸에 들어가야 하는 동사를 주어에 맞게 넣으세요.

Children who _____ assigned household chores _____ how to organize their time. (be동사, learn)

집안일을 맡은 아이들은 시간을 관리하는 방법을 배운다.

10 다음 동사원형의 과거와 완료형을 적으세요.

forget: 잊다

과거형: _____ 완료형: _____

11 다음 주어진 동사를 알맞게 적으세요.

I read three different newspapers to avoid _____ at the world holding a biased view. (look)

편견을 가지고 세상을 바라보는 것을 피하기 위해서 나는 3가지 다른 신문들을 읽는다.

12 다음 우리말의 올바른 영문을 고르세요.

어젯밤 내 차가 도난당했어.

(a) Last night, my car was stolen.

(b) Last night, my car stole.

13 다음 우리말의 올바른 영문을 고르세요.

사람들은 그 회의에 거의 참석하지 않았다.

(a) People rarely do not attend the conference.

(b) People rarely attended the conference.

14 다음 우리말의 올바른 영문을 고르세요.

빠를수록 더욱 좋다.

(a) The sooner, the better.

(b) The sooner, the more good.

15 다음 우리말의 올바른 영문을 고르세요.

나는 지난 8월에 일본에 갔다.

(a) I went to Japan in last August.

(b) I went to Japan last August.

16 다음 우리말의 올바른 영문을 고르세요.

많은 사람들이 일을 하는 동안 직업을 여러 번 바꾼다.

(a) A number of people change careers several times during their working lives.

(b) A number of people changes careers several times during their working lives.

17 다음 우리말의 올바른 영문을 고르세요.

시골 사람들에 비해 충분한 수면을 취하는 도시인들은 거의 없다.

(a) Very few city dwellers get an adequate amount of sleep compared to rural people.

(b) Very few city dwellers do not get an adequate amount of sleep compared to rural people.

18 다음 빈칸에 들어가야 하는 접속사를 알맞게 적으세요.

There are no refunds on Academic English course fees _____ the course is cancelled.

폐강되지 않은 한 아카데믹 영어코스 수업료는 환불되지 않는다.

19 다음 문장에서 문법이 틀린 단어를 찾아 알맞게 수정하세요.

The percent of married women in the workplace increased.

직장 내 기혼 여성의 비율은 증가했다.

20 다음 빈칸에 들어가야 하는 관용적 표현을 알맞게 적으세요.

Artificial intelligence can be a _____.

인공지능은 양날의 검이 될 수 있다.

Answer&Explanation

1 The

the+형용사 = ~한 사람들 (복수명사)

The disabled = Disabled people (문장의 맨 앞에 왔기 때문에 첫 글자는 대문자)

2 the, an

① the: 우리가 살고 있는 세상은 유일하기 때문에 정관사 the 사용

② an: alarming이 모음으로 발음이 시작되기 때문에 a가 아닌 an 사용

3 Last, March

① Last: 문장의 첫 단어의 첫 글자는 대문자

② March: 문장 앞에 있는 March는 '3월'로, 월(月)은 첫 글자가 대문자

[비교] 맨 뒤에 있는 march는 '행군'이라는 뜻이기 때문에 소문자

    Last March, a lot of soldiers dropped out during the march.

4 informations → information

information(정보)은 셀 수 없는 명사이기에 복수를 의미하는 s나 하나의 의미를 나타내는 an을 붙일 수 없음

5 hairs → hair

머리카락 전체를 의미하는 hair는 셀 수 없는 명사로 복수를 의미하는 s를 붙일 수 없음

6 receipt → recipe

receipt(영수증)이라는 단어와 recipe(요리법)라는 단어 혼동 주의

7 is → are

그 지역 여성의 4분의 1이면(A quarter of the local women) 아무리 적어도 한 명 보다는 많기 때문에 복수로 보아, 그에 맞게 복수 동사 사용

8 (a)

숫자 만은 ten thousand이고 1파운드를 초과할 경우 pound 뒤에 s를 붙임

미국과 호주 달러도 1달러를 초과할 경우 dollars라고 s를 붙임

(단, 우리나라 화폐인 won은 1원을 초과하더라도 s를 붙이지 않는 것에 주의)

9 are, learn

① are: who는 주격 관계대명사이고, 주어는 Children이므로 be동사는 복수형 are를 사용

② learn: 이 문장에서 주어는 Children이기 때문에 일반동사 learn은 복수형 동사인 learn을 사용

10 forgot, forgotten

동사의 형태가 완전히 변하는 불규칙 동사

11 looking

avoid + 동명사

12 (a)

자동차가 도난당하는 것은 자발적 의지가 아닌, 수동적인 상태로 수동태 문장(be동사 + 완료형)

⇒ 어젯밤이고 자동차 1대니까 be동사의 과거 단수형인 was, 훔치다 steal의 완료형 stolen을 사용

13 (b)

rarely = 거의 ~않다 (부정적인 뜻을 지닌 단어)

⇒ not을 중복적으로 쓰지 않음

14 (a)

the 비교급, the 비교급 문장으로 good의 비교급은 better

15 (b)

last, next, every, this 단어 앞에는 at, on, in의 전치사를 쓰지 않음

16 (a)

A number of는 '많은'이라는 many와 같은 뜻이기에 복수동사인 change

17 (a)

few 자체가 '거의 없는'이라는 부정적 의미를 지니고 있기에 not을 중복으로 쓰지 않음

18 unless

unless는 '만약 ~하지 않는 한'이라는 접속사

19 percent-> percentage

The는 숫자가 아닌 단어이기 때문에 percentage를 사용

20 double-edged sword

double-edged sword = 양날의 검

1 다음 빈칸에 들어갈 알맞은 관사를 넣으세요.

One of _____ main roles taken by _____ government is providing social security services.
정부에 의해 수행되는 주요 역할 중 하나는 사회 보장 제도를 제공하는 것이다.

2 다음 빈칸에 들어갈 알맞은 관사를 넣으세요.

Overpopulation leads to _____ increase in _____ cost of living.
인구과잉은 생활비 인상을 초래한다.

3 다음 중 첫 글자를 대문자로 써야 하는 단어를 모두 찾아 알맞게 수정하세요.

pyeongchang finally won their 2018 bid after two previous failed attempts for the 2010 and 2014 winter olympics.
평창은 이전의 2010년과 2014년 두 번의 동계 올림픽 유치 도전에 실패한 후, 마침내 2018년 유치에 성공했다.

4 다음 문장에서 단복수가 틀린 단어를 찾아 알맞게 수정하세요.

Parents need to give their children advices on morals and safety.
부모는 아이들에게 도덕과 안전에 대한 조언을 해야 한다.

5 다음 문장에서 단복수가 틀린 단어를 찾아 알맞게 수정하세요.

The amount of CO_2 aircrafts release is about three time greater than that of vehicles on the ground.
도로의 차량들보다 비행기가 배출하는 이산화탄소 양이 3배 정도 더 많다.

6 다음 문장에서 스펠링이 틀린 단어를 모두 찾아 알맞게 수정하세요.

The goverment's efforts to preserve the enviroment were fruitless after the flod.
홍수로 인해 환경 보존을 위한 정부의 노력은 헛수고가 되었다.

7 다음 문장에서 문법이 틀린 단어를 찾아 알맞게 수정하세요.

According to the report, two third of the people over 65 years old want to live apart from their children.
보고서에 따르면, 65세 이상의 노인들의 3분의 2가 자녀들과 떨어져 살기를 원한다.

8   다음 중 올바른 영어 문장을 고르세요.

내 연봉은 세전으로 1억 6천만원이야.

(a) My annual salary is one hundred and sixty million won before tax.

(b) My annual salary is one billion and sixty thousand million won before tax.

9   다음 빈칸에 들어가야 하는 be동사를 주어에 맞게 넣으세요.

One of the biggest concerns about space travel and exploration _____ the possibility of polluting space.

우주 여행과 탐험의 가장 큰 우려 중의 하나는 우주를 오염시키는 가능성이다.

10   다음 동사원형의 과거와 완료형을 적으세요.

bring: 가져오다

과거형: _____   완료형: _____

11   다음에 주어진 동사를 알맞게 적으세요.

I cannot help _____ chicken with beer when I watch a baseball game. (eat)

나는 야구 게임을 볼 때 맥주와 함께 치킨을 먹지 않을 수 없다.

12   다음 우리말의 올바른 영문을 고르세요.

쌀은 캘리포니아에서 매우 잘 자란다.

(a) Rice is grown very well in California.

(b) Rice grows very well in California.

13   다음 우리말의 올바른 영문을 고르세요.

제니는 학교에 갔었어?

(a) Did Jenny go to school?

(b) Did Jenny goes to school?

14   다음 우리말의 올바른 영문을 고르세요.

축구는 어떤 다른 스포츠보다 더 인기가 있다.

(a) Soccer is more popular than other sports.

(b) Soccer is much popular than other sports.

15   다음 우리말의 올바른 영문을 고르세요.

우리 오빠는 정원에 있어.

(a) My brother is in the garden.

(b) My brother is at the garden.

16. 다음 우리말의 올바른 영문을 고르세요.

매년 엄청난 돈이 신약을 개발하는 데 사용된다.
(a) A huge amount of money are spent on developing new medicine every year.
(b) A huge amount of money is spent on developing new medicine every year.

17. 다음 우리말의 올바른 영문을 고르세요.

줄리는 매달 조금씩 기부를 하고 있어.
(a) Juli donates a little money every month.
(b) Juli donates little money every month.

18. 다음 빈칸에 들어가야 하는 접속사를 알맞게 적으세요.

The lunar eclipse occurred _____ we were travelling to Scotland.
우리가 스코틀랜드를 여행하는 동안에 월식이 일어났다.

19. 다음 문장에서 문법이 틀린 단어를 찾아 알맞게 수정하세요.

Face-to-face communication will ultimately diminish because new social media.
얼굴을 마주보고 하는 의사소통은 새로운 소셜 미디어 때문에 궁극적으로 사라질 것이다.

20. 다음 빈칸에 들어가야 하는 관용적 표현을 알맞게 적으세요.

We are going to give a _____ for Mr. Kim tomorrow.
우리는 내일 미스터 킴을 위한 송별회를 할 예정이다.

💬 Answer&Explanation

1 the, the
① the: 정부에 의해 수행되는 주요 역할 중 하나라고 한정되고 있음 (one of the 복수명사 = ~ 중 하나)
② the: 정부는 한 나라에서 하나밖에 없는 유일한 것이기 때문에 정부라는 뜻의 government를 단수로 쓸 때는 앞에 the 를 사용

2 an, the
① an: 모음으로 발음이 시작하는 increase 앞에는 an을 사용
② the: the cost of living(생활비), 즉 비용 중에서 생활에 들어가는 비용이라고 한정했기 때문에 cost 앞에 the를 사용

3 Pyeongchang, Winter, Olympics
   ① Pyeongchang: 평창은 지역 이름이기 때문에 문장의 첫 단어가 아니더라도 첫 글자는 대문자
   ② Winter: 여기서는 동계 올림픽에서 '동계'라는 고유명사로 사용되었기 때문에 첫 글자는 대문자
   ③ Olympics: 올림픽이라는 단어는 고유명사이기 때문에 첫 글자는 대문자로 쓰며, 올림픽이 아니라 올림픽스
      (Olympics)로, 뒤에 s를 붙여야 하는 것에 주의
   Pyeongchang finally won their 2018 bid after two previous failed attempts for the 2010 and 2014 Winter
   Olympics.

4 advices → advice
   advice(조언)는 셀 수 없는 명사이기 때문에 복수를 의미하는 s나 하나의 의미를 나타내는 an도 붙일 수 없음

5 time → times
   횟수를 의미하는 time은 셀 수 있는 명사로 앞에 three에 맞춰 복수를 의미하는 s를 붙임

6 goverment → government, enviroment → environment, flod → flood
   ① goverment → government: 정부라는 단어를 쓸 때 중간에 n을 확인
   ② enviroment → environment: 환경이라는 단어를 쓸 때 중간에 n을 확인
   ③ flod → flood: 홍수라는 단어는 o가 두 번 들어감

7 third → thirds
   3분의 2를 분수로 표현할 때는 분자(two)가 복수이면 분모(third)에 복수를 의미하는 s를 붙임

8 (a)
   billion은 억이 아니고 십억인 것에 주의

9 is
   문장이 길 때는 어디까지가 주어 부분인지(One ~ exploration), 그리고 진짜 주어는 어떤 단어인지를(One) 찾아서 이에
   맞는 동사를 파악하는 것이(be동사는 One과 어울리는 단수형 is) 중요

10 brought, brought
   동사의 과거와 과거완료의 형태가 같은 불규칙 동사

11 eating
   cannot help Ving = ~하지 않을 수 없다

12 (b)

   (a)와 (b) 둘 다 옳은 문장이지만, 쌀이 자란다는 능동의 우리말 의미를 고려할 때 능동태 문장인 (b)가 정답

   만일 우리말 표현이 '쌀이 캘리포니아에서 잘 길러진다'라면, 수동태 문장인 (A)가 정답

   rice는 너무 많아서 셀 수 없는 명사이기 때문에 단수 취급

13 (a)

   일반동사의 과거형 의문문을 만들 때는, 인칭이나 단복수에 상관없이 Did로 시작하고 일반동사는 원형임

14 (a)

   popular의 비교급은 more popular

15 (a)

   정원 같은 둘러싸인 공간을 말할 때는 전치사 in을 사용

16 (b)

   셀 수 없는 명사는 아무리 많아도 단수로 취급하기 때문에 be동사의 단수형 is를 사용

17 (a)

   a little은 '조금'이라는 긍정의 의미를, little은 '거의 없는'이라는 부정의 의미를 나타냄

18 while

   while = ~하는 동안에 (접속사)

19 because → because of

   new social media는 주어와 동사로 이루어진 문장이 아니라 구이기 때문에 because of를 사용

20 farewell party

   farewell party = 송별회

MEMO

Writing &
Speaking
Rubrics

IELTS와 TOEFL 시험의 Writing과 Speaking 영역은
각각의 채점 기준을 갖고 있습니다.
채점 기준은 Writing 답안을 작성하고 Speaking 답변을 할 때,
어떠한 점에 유의해야 하는지, 어떠한 기준으로 점수가 결정되는지 알려줍니다.

IELTS Writing Task 1 채점 기준 (A) Academic Module / (GT) General Training Module

밴드	과제 달성 (Task Achievement)	일관성과 응집성 (Coherence and Cohesion)
9	· 과제의 모든 요구사항을 완전하게 충족 · 완전하게 전개된 답안을 분명하게 제시	· 글이 자연스럽게 응집되어 있음 · 능숙하게 단락 구분
8	· 과제의 모든 요구사항을 충분하게 해결 · 주요 특징과 항목을 분명하고 적절하게 제시, 강조, 설명	· 정보가 논리적, 순차적으로 배치 · 응집성 좋게 글이 전개 · 적절하게 단락 구분
7	· 과제의 요구사항을 해결 · (A) 주요 추세, 차이 또는 단계에 대한 명확한 개요 제시 · (GT) 적절하고 일관된 톤으로 분명한 목적 제시 · 주요 특징과 항목을 분명하게 제시, 강조	· 정보가 논리적으로 구성 · 글의 응집력을 높이기 위해 다양한 연결 어구(접속사, 부사, 전치사 등) 사용
6	· 과제의 요구사항을 다룸 · (A) 적절히 선택된 정보로 개요 제시 · (GT) 톤의 불일치가 있을 수 있지만 대체로 분명하게 목적 제시 · 주요 특징과 항목을 적절하게 제시 및 강조하지만 세부내용의 부정확성과 부적합성이 있음	· 정보를 일관성 있게 나열 · 효과적으로 연결 어구를 사용하지만 실수 또는 기계적 사용이 있음 · 대체어(유의어 또는 대명사)를 통해 언급하는 것이 항상 적절하거나 명확하지는 않음
5	· 대체로 과제를 다루며 글의 형식이 때때로 부적절함 · (A) 개요 제시 없이 기계적으로 설명 · (GT) 톤의 불일치가 있고 대체로 편지의 목적이 다소 불명확함 · 주요 특징과 항목을 부적합하게 제시하며 세부내용에 치중할 수 있음	· 어느 정도 체계적으로 정보를 제시하지만 전반적으로 글의 연결이 부족함 · 연결 어구가 잘못 사용됨 · 대체어 부족으로 표현이 반복됨
4	· 과제를 다루려 하지만 모든 주요 사항을 다루지 못하고 글의 형식이 부적절함 · (GT) 톤이 불일치하고 대체로 편지의 목적을 분명하게 제시하는 데 실패함 · 주요 특징 및 항목을 세부사항과 혼동하고 부정확한 내용 기술	· 정보 제시에 연결성이 없음 · 기본적 연결 어구를 사용하지만 반복적이고 부정확함
3	· 과제 달성 실패 · 제한된 아이디어 제시	· 생각을 논리적으로 전개하지 않음 · 매우 제한된 연결 어구를 사용
2	· 과제와 거의 연관이 없는 답안	· 글의 구조적 특징이 거의 없음
1	· 과제와 전혀 연관이 없는 답안	· 의미 전달 실패
0	· 미응시 또는 암기한 답안 제출	

어휘력 (Lexical Resource)	문법의 다양성과 정확성 (Grammatical Range and Accuracy)
· 매우 자연스럽고 세련되게 다양한 어휘를 구사하며 실수가 거의 없음	· 완전히 유연하고 정확하게 다양한 문장 구조를 사용하며 실수가 거의 없음
· 유창하고 유연하게 다양한 어휘를 구사 · 약간의 실수는 있지만 능숙하게 어려운 어휘 구사 · 드문 맞춤법(spelling) 실수가 있음	· 다양한 문장 구조 사용 · 대부분 문장에 결점이 없음 · 매우 드물게 실수가 있음
· 충분한 양의 어휘로 글의 유연성과 정확성 확보 · 문체(style)와 연어(collocation)에 대한 이해를 바탕으로 어느 정도 어려운 어휘 사용 · 간혹 맞춤법 실수가 있음	· 다양한 복문 사용 · 빈번하게 결함이 없는 문장을 구사 · 약간의 실수가 있지만 구두점을 포함한 문법 구사 능력이 좋음
· 적당한 양의 어휘를 사용 · 어느 정도 어려운 어휘를 사용하려고 하지만 약간의 부정확성이 있음 · 맞춤법 실수가 있지만 내용 전달에 문제는 없음	· 단문과 복문을 혼합하여 작문 · 약간의 문법적 실수가 있지만 내용 전달에 거의 문제가 없음
· 과제 답안을 위해 최소로 적당한 양의 어휘를 사용 · 맞춤법 실수로 인해 독자가 글을 이해하는 데 어려움이 있을 수 있음	· 제한된 문장 구조만 구사 · 복문을 사용하지만 단문에 비해 부정확함 · 잦은 문법적 실수로 독자가 글을 읽는 데 어려움이 있을 수 있음
· 반복적으로 기초 어휘만 사용 · 제한된 단어 구성 능력과 맞춤법으로 독자가 글을 읽는 데 힘이 들 수 있음	· 드문 종속절 사용과 함께 매우 제한된 문장 구조만 사용 · 맞는 문장 구조도 있지만 틀린 문장이 더 많음
· 매우 제한된 단어 구성 능력과 맞춤법 · 어휘 사용 실수로 글의 내용이 심하게 왜곡될 가능성이 있음	· 문장을 쓰려고 하나 문법적 실수가 너무 많음
· 극도로 제한된 단어 구성 능력과 맞춤법	· 암기한 구문을 제외하고 문장 구성을 못 함
· 소수의 단어만 띄엄띄엄 사용	· 문장을 전혀 쓸 수 없음

IELTS Writing Task 2 채점 기준

밴드	과제 답변 (Task Response)	일관성과 응집성 (Coherence and Cohesion)
9	· 과제의 모든 사항을 완전하게 다룸 · 완전하게 전개된 입장과 함께 완전히 타당한 근거를 제시	· 글이 자연스럽게 응집되어 있음 · 능숙하게 단락 구분
8	· 과제의 모든 사항을 충분하게 다룸 · 잘 전개된 답변과 함께 타당한 근거 제시	· 정보가 논리적, 순차적으로 배치 · 응집성 좋게 글이 전개 · 적절하게 단락 구분
7	· 과제의 모든 사항을 다룸 · 답변을 통해 명확한 입장을 제시 · 근거가 메인 아이디어를 지지하지만 지나친 일반화가 있거나 초점이 흔들릴 수 있음	· 정보가 논리적으로 구성 · 글의 응집력을 높이기 위해 다양한 연결 어구(접속사, 부사, 전치사 등) 사용 · 각 단락에 명확한 중심 토픽을 제시
6	· 과제의 모든 사항을 다루지만 일부는 조금 더 충실히 다룰 여지가 있음 · 결론이 불명확하거나 반복적이지만 타당한 입장을 제시 · 메인 아이디어를 제시하지만 조금 불명확함	· 정보를 일관성 있게 나열 · 효과적으로 연결 어구를 사용하지만 실수 또는 기계적 사용이 있음 · 대체어(유의어 또는 대명사)를 통해 언급하는 것이 항상 적절하거나 명확하지는 않음 · 단락 구분이 항상 논리적이지는 않음
5	· 과제의 일부만 다루고 곳곳에 글의 형식이 부적합함 · 입장을 밝히지만 전개가 불명확하고 결론을 이끌어내지 못함 · 메인 아이디어를 제시하지만 불충분하게 전개되고 관련 없는 세부사항이 있음	· 어느 정도 체계적으로 정보를 제시하지만 전반적으로 글의 연결이 부족함 · 연결 어구가 잘못 사용됨 · 대체어 부족으로 표현이 반복됨 · 단락 구분을 하지 않거나 잘못된 단락 구분이 있음
4	· 최소로 과제에 대해 답변하고 글의 형식도 부적합함 · 입장을 밝히나 불명확함 · 메인 아이디어를 제시하지만 인지하기 어렵고 반복되거나 관련 없는 내용이 있음	· 정보 제시에 연결성이 없음 · 기본적 연결 어구를 사용하지만 반복적이고 부정확함 · 단락 구분을 하지 않거나 혼란스럽게 단락 구분을 함
3	· 과제의 어느 사항도 적절하게 다루지 않음 · 명확한 입장을 제시하지 않음 · 아이디어가 거의 없음	· 생각을 논리적으로 전개하지 않음 · 매우 제한된 연결 어구를 사용
2	· 과제에 답변을 거의 하지 않음 · 입장을 제시하지 않음 · 아이디어를 제시하려고 하지만 전개가 안 됨	· 글의 구조적 특징이 거의 없음
1	· 과제와 전혀 연관이 없는 답안	· 의미 전달 실패
0	· 미응시 또는 암기한 답안 제출	

어휘력 (Lexical Resource)	문법의 다양성과 정확성 (Grammatical Range and Accuracy)
· 매우 자연스럽고 세련되게 다양한 어휘를 구사하며 실수가 거의 없음	· 완전히 유연하고 정확하게 다양한 문장 구조를 사용하며 실수가 거의 없음
· 유창하고 유연하게 다양한 어휘를 구사 · 약간의 실수는 있지만 능숙하게 어려운 어휘 구사 · 드문 맞춤법(spelling) 실수가 있음	· 다양한 문장 구조 사용 · 대부분 문장에 결점이 없음 · 매우 드물게 실수가 있음
· 충분한 양의 어휘로 글의 유연성과 정확성 확보 · 문체(style)와 연어(collocation)에 대한 이해를 바탕으로 어느 정도 어려운 어휘 사용 · 간혹 맞춤법 실수가 있음	· 다양한 복문 사용 · 빈번하게 결함이 없는 문장을 구사 · 약간의 실수가 있지만 구두점을 포함한 문법 구사 능력이 좋음
· 적당한 양의 어휘를 사용 · 어느 정도 어려운 어휘를 사용하려고 하지만 약간의 부정확성이 있음 · 맞춤법 실수가 있지만 내용 전달에 문제는 없음	· 단문과 복문을 혼합하여 작문 · 약간의 문법적 실수가 있지만 내용 전달에 거의 문제가 없음
· 과제 답안을 위해 최소로 적당한 양의 어휘를 사용 · 맞춤법 실수로 인해 독자가 글을 이해하는 데 어려움이 있을 수 있음	· 제한된 문장 구조만 구사 · 복문을 사용하지만 단문에 비해 부정확함 · 잦은 문법적 실수로 독자가 글을 읽는 데 어려움이 있을 수 있음
· 반복적으로 기초 어휘만 사용 · 제한된 단어 구성 능력과 맞춤법으로 독자가 글을 읽는 데 힘이 들 수 있음	· 드문 종속절 사용과 함께 매우 제한된 문장 구조만 사용 · 맞는 문장 구조도 있지만 틀린 문장이 더 많음
· 매우 제한된 단어 구성 능력과 맞춤법 · 어휘 사용 실수로 글의 내용이 심하게 왜곡될 가능성이 있음	· 문장을 쓰려고 하나 문법적 실수가 너무 많음
· 극도로 제한된 단어 구성 능력과 맞춤법	· 암기한 구문을 제외하고 문장 구성을 못 함
· 소수의 단어만 띄엄띄엄 사용	· 문장을 전혀 쓸 수 없음

IELTS Speaking 채점 기준

밴드	유창성과 일관성 (Fluency and Coherence)	어휘력 (Lexical Resource)
9	· 같은 말 반복 및 자기 교정이 거의 없이 유창하게 말함 · 머뭇거림은 단어나 문법을 찾기 위함이라기보다는 내용적 측면에서 있음 · 완벽한 연결어를 사용하여 일관성 있게 말함 · 완전하고 적절하게 주제를 전개함	· 모든 주제에서 완전한 유창성과 정확성을 갖춘 어휘 사용 · 관용어(idiomatic language)를 자연스럽고 적절하게 사용
8	· 아주 간혹 같은 말 반복 및 자기 교정이 있지만 유창하게 말함 · 대체로 머뭇거림은 단어나 문법을 찾기 위함이라기보다는 내용적 측면에서 있음 · 일관되고 적절하게 주제를 전개함	· 유창하고 유연하게 다양한 어휘를 구사 · 약간의 실수는 있지만 능숙하게 어려운 어휘와 관용어 구사 · 필요에 따라 효과적으로 패러프레이징(바꿔 표현하기) 구사
7	· 눈에 띄는 노력이나 일관성 상실 없이 길게 말함 · 때때로 언어 사용과 연관된 머뭇거림을 보이거나 반복 및 자기 교정이 있음 · 다양한 연결어와 담화표지(well, so, right, you know 등)를 유연하게 사용	· 유연한 어휘 사용으로 다양한 주제에 대해 논함 · 말투(style)와 연어(collocation)에 대한 이해를 바탕으로 어느 정도 어려운 어휘를 사용하나 약간의 실수는 있음 · 효과적으로 패러프레이징 구사
6	· 반복, 자기 교정, 머뭇거림으로 인해 일관성이 없을 수 있지만 길게 말하려 함 · 다양한 연결어와 담화표지를 사용하지만 항상 적절하지는 않음	· 부적절하더라도 충분한 어휘를 통해 주제에 대해 길고 명확하게 말함 · 일반적으로 패러프레이징을 성공적으로 구사
5	· 대체로 말의 흐름을 유지하나 계속해서 말을 잇기 위해 반복, 자기 교정, 느린 속도 발생 · 특정 연결어와 담화표지를 과도하게 사용 · 간단한 말은 유창하나 보다 복잡한 의사소통은 유창하지 않음	· 친숙하지 않은 주제에 대해서도 이야기 가능하지만 어휘 사용의 유연성이 제한됨 · 패러프레이징을 시도하지만 성공률이 반반임
4	· 눈에 띄는 멈춤 없이 답변을 할 수 없고 잦은 반복과 자기 교정으로 천천히 말함 · 기본 문장을 연결하지만 단순한 연결어의 반복 사용과 일관성 결여가 있음	· 친숙한 주제에 대해 이야기할 수 있지만 그렇지 않은 주제에 대해서는 기본적 의미만 전달하고 단어 선택에 잦은 오류 발생 · 패러프레이징을 거의 안 함
3	· 말할 때 긴 침묵이 있음 · 간단한 문장을 연결할 능력이 제한됨 · 간단한 대답만 가능	· 간단한 어휘를 사용하여 개인 정보 전달 · 친숙하지 않은 주제에 대해서는 사용할 어휘가 부족함
2	· 대부분 단어를 말하기 전 오랫동안 멈춤 · 거의 의사소통이 안 됨	· 띄엄띄엄 단어만 또는 암기한 표현만 말함
1	· 의사소통 불가 · 채점할 수 있는 언어가 아님	
0	· 미응시	

문법의 다양성과 정확성 (Grammatical Range and Accuracy)	발음 (Pronunciation)
· 모든 문장 구조를 완벽하게 사용 · 계속해서 정확한 문장을 만들어 냄	· 모든 발음을 정확하고 섬세하게 함 · 시종일관 유연하게 발음함 · 알아듣기가 수월함
· 다양한 문장 구조를 유연하게 사용 · 매우 드물게 기본적/비체계적 오류가 있고, 대부분 문장에는 결점이 없음	· 다양한 발음을 함 · 가끔 실수가 있지만 유연하게 발음함 · 시종일관 알아듣기 쉬움; 모국어 억양이 최소의 영향만 줌
· 다양한 복문을 어느 정도 유연하게 사용 · 약간의 문법적 실수가 있지만 빈번하게 결함이 없는 문장을 구사	· 밴드 6의 모든 긍정적 특징과 밴드 8의 긍정적 특징 중 일부를 보임
· 단문과 복문을 혼합하여 사용하지만 유연성의 제약이 있음 · 복문에서 잦은 실수가 있지만 이해하는 데 대체로 문제는 없음	· 다양한 발음을 하지만 정확하지 않음 · 일부 유효한 발음을 하지만 지속되지는 않음 · 개별 단어나 소리의 잘못된 발음이 명확성을 감소시키지만 전반적으로 알아들을 수 있음
· 기본적 문장을 나름 정확하게 구사 · 복문을 제한적으로나마 사용하지만, 대체로 오류가 있어서 이해되지 않을 수 있음	· 밴드 4의 모든 긍정적 특징과 밴드 6의 긍정적 특징 중 일부를 보임
· 기본적인 문장 형태와 몇몇 정확한 단문을 만들어 내지만 종속절은 거의 없음 · 오류가 빈번하여 오해로 이어질 수 있음	· 발음 특징이 제한된 범위로 사용됨 · 발음 특징을 조절하려 하지만 자주 실패함 · 잦은 잘못된 발음으로 인해 청자가 이해하는 데 어느 정도 어려움이 있음
· 기본적인 문장 형태를 시도하지만 제한적으로 성공하거나 명백히 암기한 표현에 의존함 · 암기한 표현을 제외하고 수많은 오류를 만들어 냄	· 밴드 2 특징 일부와 밴드 4 특징 일부를 보임
· 기본 문장 형태를 만들지 못함	· 자주 알아들을 수 없음

TOEFL Writing 통합형 채점 기준

점수	설명
5	이 레벨의 답안은 강의의 정보를 성공적으로 선별하고, 리딩 지문에 제시된 관련 정보와 연관 지어 정확하게 제시함 구성이 체계적이며 사소한 실수가 있지만 글의 내용이나 맥락의 부정확성을 야기하지 않음
4	이 레벨의 답안은 강의의 정보를 대체적으로 잘 선별하고, 리딩 지문에 제시된 관련 정보와 연관 지어 정확하게 제시함 정보에 대해 사소한 누락, 부정확성, 모호성이 있음
3	이 레벨의 답안은 강의의 일부 중요 정보를 포함하며 리딩 지문 정보를 연관 지어 전달하지만, 다음 중 하나 이상에 해당함 • 전반적인 답안이 문제 취지에 맞지만, 리딩 지문과의 관계가 모호하거나 다소 부정확함 • 강의에서 언급된 핵심 논점 하나가 빠져 있음 • 강의와 리딩 지문의 핵심 논점 관계가 불완전하거나 부정확함 • 문법적 실수가 잦거나 이러한 실수가 정보 전달을 방해함
2	이 레벨의 답안은 강의의 일부 관련 정보를 포함하지만, 상당한 언어적 제약이 있거나 강의와 리딩 지문 정보의 연관성에 있어서 중요한 정보 누락과 부정확성이 있고 다음 중 하나 이상에 해당함 • 강의와 리딩 지문과의 전반적인 관계가 상당히 부정확하거나 완전히 누락되어 있음 • 강의에서 언급된 핵심 논점 중 상당 부분이 누락되거나 부정확함 • 언어적 오류와 불명확한 표현들로 인해 내용을 이해하기 어려움
1	이 레벨의 답안은 다음 중 하나 이상에 해당함 • 의미 있는 강의 정보가 거의 없거나 강의와 관련이 없음 • 답안의 언어적 수준이 매우 낮아 의미를 파악하기 어려움
0	이 레벨의 답안은 리딩 지문의 문장을 단순히 복사하거나, 주제와 다른 내용, 또는 영어 외의 언어로 쓰거나, 글을 전혀 쓰지 않은 경우임

TOEFL Writing 독립형 채점 기준

점수	설명
5	이 레벨의 에세이는 다음의 사항을 대부분 충족함 · 주제와 과제를 효과적으로 다룸 · 분명하고 적절한 설명, 예시, 세부사항을 통해, 구성과 전개가 잘 이루어짐 · 통일성, 연속성, 일관성을 보여줌 · 사소한 어휘 실수 또는 문법적 실수가 있을 수 있으나, 다양한 형식의 문장과 적절한 어휘 및 관용어구 선택 능력을 일관되게 보여줌
4	이 레벨의 에세이는 다음의 사항을 대부분 충족함 · 일부 내용이 완벽하지 않을 수 있지만, 주제와 과제를 효과적으로 다룸 · 적절하고 충분한 설명, 예시, 세부사항을 통해, 구성과 전개가 전반적으로 잘 이루어짐 · 가끔 불필요한 내용, 주제를 벗어난 내용, 또는 불명확한 관계가 있을 수 있지만, 통일성, 연속성, 일관성을 보여줌 · 가끔 사소한 어휘 실수 또는 문법적 실수가 있지만, 다양한 형식의 문장과 적절한 어휘 및 관용어구를 선택하는 능력을 보여줌
3	이 레벨의 에세이는 다음 중 하나 이상에 해당함 · 어느 정도 잘 전개된 설명, 예시, 세부사항을 통해 주제와 과제를 다룸 · 아이디어 간 연결이 가끔 모호하지만, 통일성, 연속성, 일관성을 보여줌 · 문장 구성과 단어 선택이 일관적이지 않아 의미가 분명하지 않은 경우가 있음 · 정확하지만 제한된 문장 형식과 어휘 사용을 보여줄 수 있음
2	이 레벨의 에세이는 다음의 취약점 중 하나 이상에 해당함 · 제한적인 주제와 과제의 전개 · 글의 구성 또는 아이디어 간 연결이 부적절함 · 과제에 대한 답변으로 결론을 지지하거나 도출하는 과정에서 예시, 설명, 세부사항이 부적절하거나 불충분함 · 부적절한 어휘 선택 및 구사가 눈에 띔 · 문장 구성 또는 사용에서 잦은 실수가 있음
1	이 레벨의 에세이에는 심각한 결함이 있는데, 다음의 취약점 중 하나 이상에 해당함 · 구성 및 전개가 이루어지지 않음 · 세부사항이 거의 없거나 무관한 내용, 또는 과제에 대해 논란이 있는 답변을 함 · 문장 구성 또는 사용에서 중대하고 잦은 실수가 있음
0	이 레벨의 에세이는 문제 주제에서 단순히 단어를 복사하거나, 주제와 다른 내용, 또는 영어 외의 언어로 쓰거나, 글을 전혀 쓰지 않은 경우임

TOEFL Speaking 통합형 채점 기준

점수	종합	전달력 (Delivery)	언어 사용 (Language Use)	내용 전개 (Topic Development)
4	최소의 실수로 과제가 요구하는 답변을 함 매우 알아듣기 쉽고 일관성 있게 내용 전개	비록 발음이나 억양에 작은 실수가 있지만 매우 분명하고 유창함 정보를 기억해 냄에 따라 속도가 일정하지 않기도 하지만 전체적으로 매우 알아듣기 쉬움	단문과 복문을 자유자재로 구사하며 효과적인 어휘 사용으로 일관성 있게 내용 전달 약간의 어휘와 문법 사용 실수가 있지만 듣는 데 문제없음	과제에 맞게 분명하게 아이디어 전개 사소한 실수와 내용 누락이 있을 수 있지만 필요한 세부 내용 포함
3	과제에 적절히 대답하나 완벽하지는 못함 알아듣기 쉽고 일관성도 있으나 눈에 띄는 실수가 어느정도 있음	대체로 분명하고, 유창하게 말하지만 발음, 억양, 속도에서 실수가 있어 알아듣는 데 다소 노력이 필요함	어휘와 문법 사용에 있어 한계 및 실수가 있지만 의사 소통에 심각한 영향을 미치지는 않음	대부분 과제에 맞게 아이디어를 전개하지만, 구체적 세부 내용이 결여되고 때때로 아이디어 간의 관계가 불명확함
2	과제에 대해 한정된 대답을 함 알아듣기 어려운 부분이 있어서 정확한 의미 파악이 어렵기도 함	불명확한 발음, 어색한 억양과 속도로 인해 듣는데 노력이 필요하지만, 기본적으로 알아들을 수는 있음	한정된 어휘와 문법의 사용으로 아이디어의 표현이 어려움	과제에 대한 응답이긴 하지만, 구체적인 세부 내용이 결여되고 기본적인 아이디어만 표현하며, 아이디어 간의 관계가 불명확함
1	대답 내용이 매우 제한되거나 알아듣기 어려움	지속적인 발음, 강세, 억양 문제로 알아듣기 어렵고 띄엄띄엄 말함	어휘와 문법 사용에 심각한 제약이 있어 연결하여 말하기 어려움	과제와 관련된 충분한 내용이 결여됨 내용이 종종 부정확하고 애매하게 표현됨
0	응시자가 대답을 하지 않거나 주제와 관련 없는 대답을 함			

TOEFL Speaking 독립형 채점 기준

점수	종합	전달력 (Delivery)	언어 사용 (Language Use)	내용 전개 (Topic Development)
4	최소의 실수로 과제가 요구하는 답변을 함 매우 알아듣기 쉽고 일관성 있게 내용 전개	전체적으로 일관된 속도로 분명하게 말함 비록 발음이나 억양에 작은 실수가 있지만 알아듣는 데 영향이 없음	효과적인 문법과 어휘 사용과 다양한 형태의 문장을 자유자재로 사용 약간의 어휘와 문법 사용 실수가 있지만 의미 전달에 문제없음	과제에 맞게 분명하게 아이디어 전개 사소한 실수와 내용 누락이 있을 수 있지만 필요한 세부 내용 포함
3	과제에 적절히 대답하나 완전하게 전개하지는 못함 알아듣기 쉽고 일관성도 있으나 눈에 띄는 실수가 어느정도 있음	대체로 분명하고, 유창하게 말하지만 발음, 억양, 속도에서 실수가 있어 알아듣는 데 다소 노력이 필요함	어휘와 문법 사용에 있어 한계 및 실수가 있지만 의미 전달에 심각한 영향을 미치지는 않음	대부분 과제에 맞게 아이디어를 전개하지만, 구체적 세부 내용이 결여되고 때때로 아이디어 간의 관계가 불명확함
2	과제에 대해 한정된 대답을 함 알아듣기 어려운 부분이 있어서 정확한 의미 파악이 어렵기도 함	불명확한 발음, 어색한 억양과 속도로 인해 알아듣는데 노력이 필요하지만, 기본적으로 알아들을 수는 있음	한정된 어휘와 문법의 사용으로 아이디어 표현이 어려움	과제에 대한 응답이긴 하지만, 구체적인 세부 내용이 결여되고 기본적인 아이디어만 표현하며, 아이디어 간의 관계가 불명확함
1	대답 내용이 매우 제한되거나 알아듣기 어려움	지속적인 발음, 강세, 억양 문제로 알아듣기 어렵고 띄엄띄엄 말함	어휘와 문법 사용에 심각한 제약이 있어 연결하여 말하기 어려움 암기하거나 공식화된 표현에 지나치게 의존함	과제와 관련된 충분한 내용이 결여됨 과제에 답변할 능력이 없으며 암기한 표현 반복에 의존함
0	응시자가 대답을 하지 않거나 주제와 관련 없는 대답을 함			

시원스쿨**아이엘츠** 　교재 최대 5권 포함

200% 환급반

강의 ✕ 교재 ✕ 응시료

사자마자 50%, 최대 200% 환급! 응시료 0원까지

* 환급조건 : 성적표 제출 및 후기 작성 등 제세공과금&교재비 제외, 유의사항 참고

SIWONSCHOOL LAB

가장 빠른 목표 달성을 위한 *최상의 선택!*

사자마자 환급	수강료 환급	응시료	교재
50%	**200%**	**0원**	
출석 × 성적 × **현금 환급**	출석 × **최대 200% 환급**	273,000원 **현금 환급**	강의 교재 **최대 5권 포함**

수강생이 말하는 **시원스쿨 토플 리얼 후기**

시원스쿨**LAB**